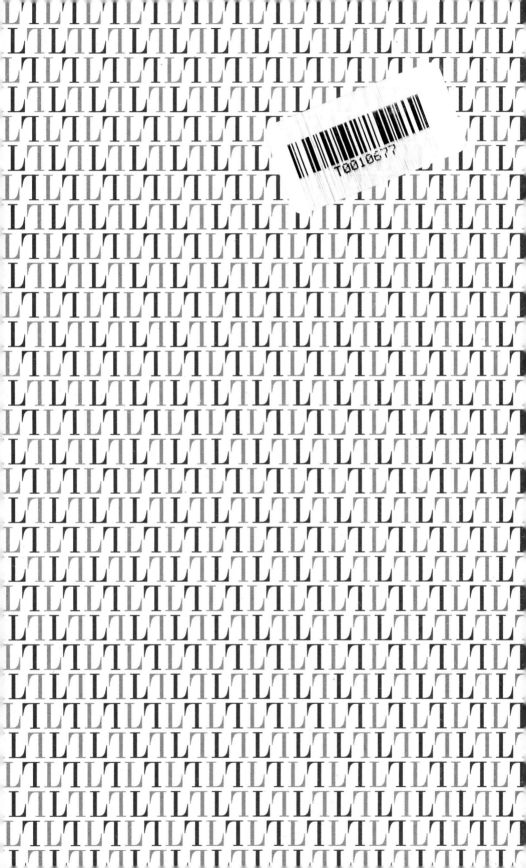

La librería y la diosa

La librería y la diosa

Paula Vázquez

Lumen

narrativa

Papel certificado por el Forest Stewardship Council®

Penguin
Random House
Grupo Editorial

Primera edición: octubre de 2023

© 2023, Paula Vázquez
© 2023, Penguin Random House Grupo Editorial, S. A. U.
Travessera de Gràcia, 47-49. 08021 Barcelona

Printed in Spain – Impreso en España

ISBN: 978-84-264-2637-6
Depósito legal: B-14.760-2023

Compuesto en M. I. Maquetación, S. L.
Impreso en Unigraf, Móstoles (Madrid)

H 4 2 6 3 7 6

Para Luciano

Se abdica del idioma materno porque se abdica del llanto y se abdica del llanto porque sólo dejando de llorar se puede escribir.

Fabio Morábito,
El idioma materno

... hubo un tiempo en que los dioses no eran tan sólo un hábito literario.

Roberto Calasso,
La literatura y los dioses

Un sábado de otoño —el viento cortaba, ondulante, las esquinas— compré una fuente de cerámica con un motivo de enormes lirios rojos. Sobre el borde, unos puntos irregulares de color azul eléctrico servían de frontera entre el exterior y el lugar en el que el cuenco se volcaba, cóncavo, hacia las flores. El tamaño y las tonalidades de la pieza proyectaban la imagen de la abundancia. La encontré en un puesto de feria, junto a unos extraños vasos torcidos. Era muy hermosa.

De un momento a otro comenzó a llover. El papel manteca con el que la vendedora envolvió la fuente se cubrió de unas gotas gordas y oscuras que le daban una apariencia de bombardeo. Bajo la luz de la lluvia todo era un fotograma opaco, los tonos granulados que borran las líneas de las cosas. Mientras caminaba de regreso a mi departamento, las ramas mojadas de los árboles me recordaron un documental sobre el proceso de construcción de la casa de Tom Jobim en lo alto del Jardín Botánico, en Río de Janeiro.

Sobre un fondo de selva verde, siempre húmeda, Tom lee un poema desde un cuaderno, despacio, mirando a la cámara entre verso y verso: *Voy a hacer mi casa / en lo alto del collado. / Voy a llevar mi piano / que se quedó en el Canecão. / Voy a hacer mi casa / en lo alto del collado. / Voy a llevar a doña Aninha / para darme inspiración. / Seremos dos bellezasos / en este mundo de feosos. / Las noches serán tranquilas / y los días tan radiosos.*

La casa tardó cuatro años en estar terminada. El poema, ocho.

En otro tiempo dedicaba mis tardes de sábado a comprar un vestido, vino o cervezas, un sombrero intrigante. También me gustaban los abanicos. Un abanico asegura la repetición del gesto individual: una porción de aire que mueve apenas un mechón de pelo sobre la cara, ese vaivén, ocultarse y situarse en el centro, todo a la vez.

Pero algo había cambiado. La vida parecía nueva —había conocido a L.— y toda vida nueva requiere un espacio nuevo. Como Tom Jobim, ahora yo también pensaba en una casa. La construcción empezó por las fuentes, los manteles bordados, almohadones de rellenos firmes y telas suaves, cajitas de té, mantas de lana.

Hasta entonces mi historial de relaciones amorosas había sido una colección de intersecciones, cruces breves y caminos siempre en bifurcación. Los hombres que elegía aseguraban la interrupción. Con L. quise hacer algo distinto: un salto. Nos casamos a los seis meses de conocernos, en una iglesia presidida por un Cristo con una mano rota. Esa noche hicimos una fiesta pequeña pero de celebración intensa, con amigos de toda la vida, los restos de mi familia de origen y la familia que iba a sumar, la suya.

Un mes después quedé embarazada.

La segunda vez que miramos en mi interior, nuestra mezcla había fallado. El punto movedizo, que antes parecía un faro activo en una costa distante, pasó a tener un único modo: apagado.

Los números comenzaron a ser importantes: a los treinta y seis años tuve mi primer embarazo y lo perdí. Tres ciclos después volví a estar embarazada. Siete semanas más tarde, en la pantalla del ecógrafo de nuevo sólo encontramos oscuridad. La fuente vacía. La casa perdida. Ya no importaban los manteles ni las plantas carnosas.

La luz, astillada. Voy hacia ella.

Bajo los cinco pisos que me separan de la calle. Mi cuerpo vibra en el espejo del ascensor. En los sonidos del café de la esquina, en los árboles quietos, en la plaza vacía de niños, es un lunes demasiado frío para el inicio del otoño en Buenos Aires. Me siento a la única mesa que recibe algo de sol, pido un café y abro el libro que llevo conmigo. Es delgado, delgadísimo, la clase de libros que más me gustan: *La analfabeta*, un texto autobiográfico de Agota Kristof.

La narradora tiene veintiún años y atraviesa un bosque de noche. Forma parte de un grupo de refugiados que busca llegar a Suiza. El viento es helado y caminan durante horas en la oscuridad sin detenerse. Tienen miedo de haberse perdido, de encontrarse con los guardias rusos borrachos que disparan por diversión, de ser descubiertos, de la cárcel y la pobreza. Debajo de unas mantas, apretada contra el pecho, Agota Kristof lleva a su hija de cuatro meses.

La imagino con el olor de su bebé cubriendo su corazón y un velo negro me cubre las manos. Siento envidia de una veinteañera pobre y desesperada forzada a abandonar a su familia, su país, sus amigos, su lengua, para escapar de una maquinaria de muerte que lo devora todo. Las lágrimas se me juntan en el pecho, una ola que crece debajo del sweater de lana gris, en la garganta, detrás de los ojos, hasta formar un lazo firme, un rigor nuevo en mi mandíbula, un doble nudo hecho de pérdidas.

Me gustaría hablar del deseo, porque de eso se trata. Cómo y dónde se siente, un músculo abierto al medio con un cuchillo muy afilado; cómo y dónde aparece, rastro de otro cuerpo en el cuerpo; si lo mirás muy fijamente en el centro qué ves, un incendio, puro azul, fragmentos de rabia, la estela dorada que deja la fiebre, un túnel lúbrico y oscuro; cómo y dónde se expande, pequeños terrones de azúcar destinados a recipientes de plata de pronto volcados sobre un mantel de algodón muy fino, un pedazo de chicle viejo, endurecido bajo el escritorio de un aula de colegio primario, pero a pesar del asco igual lo mordés y descubrís que aún resiste una veta intensa de su antiguo sabor, la sangre haciendo olas, el pulso que se expande por el cuerpo, la vida haciendo olas, la sangre convocando a otra sangre, a la renovación de la sangre, a la unión con otra sangre para la sangre nueva.

Yo no crecí con el deseo de ser madre.

Si existió el mandato de la maternidad irradiándose sobre mi cuerpo o untado pacientemente, día tras día, con un pincel, se trató de algo subterráneo o algo de lo que escapé, una rama con espinas que logré sacudirme a tiempo.

La vida para mí estaba adelante, después, lejos del origen. Mi mamá era muy hermosa y muy inteligente, pero abandonó su carrera universitaria, se casó a los veinticuatro años y se dedicó a tener hijos, dos hijas y un hijo, más un marido con el poder miserable que da el dinero. La vi llenarse de frustración, de tristeza, de rabia. Aplacaba los gritos mordiendo un repasador que siempre tenía en la mano.

Mi deseo estaba fijado en irme de la casa familiar: a la ciudad, a los bares, a las librerías, a la facultad. El destino al que quería llegar no era ser esposa, mucho menos tener hijos. Quería ser otra clase de mujer. Una clase *mejor* de mujer. Entonces tracé un camino: leer, leer, leer, a fuerza de soportar la subestimación y el acoso eché raíces en todos los ámbitos posibles gobernados por hombres. Me hice abogada, profesora en la facultad, milité en política, gané dinero. Sobre unos zapatos de tacón, junto a mi biblioteca.

En todo ese tiempo jamás pensé en casarme ni en tener hijos: me había dado a luz a mí misma. Lo que no sabía era que en los años por venir otro pulso comenzaría a anudarse dentro de mí, muy profundo, y que, para primero reconocerlo y luego alojarlo, debería desmontar todo lo que había construido hasta entonces.

Mi mamá se murió seis días después de mi cumpleaños número treinta y cuatro. Pronto se cumplirán cinco años. Unos meses antes del diagnóstico de su enfermedad ella me había dicho que yo iba a tener una nena muy rubia. Mi mamá era muy rubia, yo no lo soy, y en esa época yo pensaba que me lo deseaba como maldición. Me daba miedo pensar en una hija que fuese la mitad de lo exigente que fui yo. A la vez, me daba miedo pensar en qué clase de madre iba a ser yo con una hija.

El duelo es un proceso continuo, pero tiene capas y compuertas, no avanza en línea recta. Una de las partes más amargas y espesas del duelo es la culpa. Todas las hijas van a experimentar, en algún momento, la culpa de ser hijas. El cuerpo de la madre envejece, se encorva, declina, mientras el nuestro crece, se hincha, adquiere curvas, se dispone a ser llenado. No hay nada que podamos hacer contra eso. Esta culpa aguijonea de un modo más silencioso y sumergido cuando la madre está muerta: frente a cada superficie de placer que se activa, hay un pulsar de luto por lo que la madre ya nunca podrá tener.

La muerte de mi mamá fue el primer paso. Una tumba que se abre y que se cierra. Conozco a muchas mujeres que quedaron embarazadas en medio de un duelo, tanto sin buscarlo como planeándolo de forma muy clara. La vida es lo que sigue a la muerte. La vida y la muerte son hermanas, dice el evangelio gnóstico de Felipe el Apóstol; en el universo y en la condición humana, la luz y la oscuridad, el dolor y el placer, la vida y la muerte, no son opuestos, sino fases, una sobre otra, un acordeón que se despliega y se repliega, como en el recorrido que la luna hace en el cielo, desde la creciente hasta su desaparición, para volver a comenzar en una luna nueva: oscura a simple vista, con toda la luz en su interior.

Un poeta hace versos a partir de harina y agua: con el trabajo de sus manos obtiene unas largas tiras de masa que luego dispone sobre una bandeja de metal, en forma de palabras. Tras el paso por el horno de barro se transforman en pan crocante y esponjoso, dorado por la leña. En una entrevista contó que durante años había vivido en la calle, sofocado por las adicciones, en estado de oscuridad, y cuando murió la madre tuvo miedo de volver al infierno. Para evitarlo se quedó en la cama, rodeado de libros de poesía, yendo hacia ellos a modo de balsa, madero, sostén. Así se hizo poeta.

Perder a la madre para encontrar una madre nueva. La literatura como un modo suplementario del dolor, que lo sacude y lo hace girar con violencia hasta que del otro lado cae la semilla, el fuego, los versos, el alimento.

La librería llegó en medio del duelo por la muerte de mi mamá.

Nos reuníamos cada semana en un espacio enorme y frío en el barrio de Palermo. La calle era empedrada, de tránsito lento, y daba a uno de los extremos de una plaza que ocupaba la manzana entera, llena de juegos para niños y sectores enrejados para los perros. Éramos diez repartidos en dos mesas. Escuchábamos a Fabián mientras caminaba alrededor nuestro, hacía chistes, se reía, en ocasiones llevaba un libro abierto del que leía algunos versos. Jamás estaba sentado, jamás estaba quieto. Era un taller de poesía, pero podría haber sido de física o de repostería o de budismo. El efecto era el de comunión en torno al saber elegido.

A veces uno de nosotros leía un poema propio. Nos pasábamos el resto de la clase examinando entre todos esos versos, minuciosamente, letra por letra, imagen por imagen, como si estuviésemos en la profundidad de una fosa, rodeados de grasa y de restos de combustible, trabajando en la carrocería de un auto.

Fabián decía: corregir el poema del otro es corregir el poema propio. Hacé que el texto deje un lugar vacío para que cada uno pueda poner su deseo allí. Un poema tiene que generar un estado de incertidumbre, no de respuesta. El gran escritor permite que vos escribas en tu cabeza. Hay que convivir con lo que uno no entiende. Un poeta debe trabajar para conducir a cada quien hacia el desierto. No se trata del golpe, estamos heridos de muerte, y cada uno en su prisión piensa en la llave. Fabián decía: no entraste a la poesía por estar iluminado, entraste por estar desesperado.

El taller de poesía fue lo único que pude sostener después de la muerte de mi mamá. Durante las primeras semanas cancelaba reuniones de trabajo, dejaba conversaciones a la mitad, pasaba largas horas tendida sobre el piso de la cocina. El taller era el único espacio que me ayudaba a sobrevivir. Y de pronto se convirtió en el camino hacia una vida nueva.

Mi amigo Ezequiel era parte del grupo. Yo lo había empujado a anotarse conmigo, solíamos llegar e irnos juntos, en mi auto o en el de él. En una clase Fabián leyó unos versos de Ricardo Zelarayán, un autor argentino hasta entonces desconocido para nosotros. Los había tomado de «La gran salina» y hablaban del misterio, de las palabras gastadas por el uso cotidiano, de cambiarlas, de hacerlas girar, de aplastarlas entre los dedos, para reemplazarlas por un sentimiento, por una imagen: los trenes de carga que pasan de noche por la Gran Salina.

Fuimos a buscar sus novelas, *La piel de caballo* y *Lata peinada*, nuestra preferida. El Hombre de la Mula Empacada, Custorio Losa o La Turca Falsa son algunos de los personajes de esta novela. Sus historias están ambientadas en la mitad del siglo xx en parajes del noroeste argentino, salpicados de valle, desierto, montañas, ríos pedregosos, tierras de colores polvorientos. La literatura de Zelarayán experimenta con la oralidad.

Para la niña que había sido yo, la mayor en una familia de biblioteca vacía —entrando con un pie que tiembla, sin respaldo ni guía, en primeras lecturas a los volúmenes de *Elige tu propia aventura*, a la veneración de los suplementos literarios y las efemérides escolares en torno a nuestros escritores próceres, al mito de personajes graves como Emma Zunz o la Maga—, Zelarayán era una sacudida, un golpe de belleza sin ceremonia.

Un día cualquiera fuimos con Ezequiel a tomar café, como solíamos hacer al final de cada clase. Era el inicio de la primavera, estábamos en una terraza y el aire alrededor se entibiaba con el sol de la mañana. El hilo de la conversación eran los espacios en los que nos sentíamos bien, las cosas que estaban en suspensión —dónde vivir— mientras buscábamos un punto fijo, una raíz. Unas mesas más allá dos señoras que imaginé hermanas tomaban té en silencio, cada una con un libro.

Los dos habíamos vivido una temporada en Barcelona. Mi paso por la ciudad había sido un punto alto: tenía veinticuatro años y, aunque me había apuntado a una maestría en la Facultad de Derecho, elegí vivir en el centro, al lado de la Facultad de Letras. Los dos habíamos sido felices en Barcelona. Él tenía la firme intención de volver a vivir allá. Yo no sabía, aún no sé. Creo que me llevo bien con la vida anfibia, un pie y una parte del corazón a un lado y al otro del océano, el latir repartido, sístole en Buenos Aires, diástole en Barcelona, una sensación de falta y de cierta melancolía climática que siempre me funciona como motor.

Entonces hablamos de Barcelona, hablamos de ser felices, hablamos de literatura. Media hora más tarde habíamos decidido abrir una librería, juntos, en Barcelona.

El proyecto terminó de definirse en aquella misma mesa: literatura latinoamericana, la voluntad de ser un lugar de comunidad, alojar charlas, presentaciones, talleres, lecturas, pero sobre todo estábamos decididos a buscar cómo tener aquellos libros que no circulan por España, los catálogos de las editoriales independientes latinoamericanas. Queríamos ser un foco de literatura latinoamericana hecha por latinoamericanos. El nombre llegó de inmediato: Lata Peinada.

Ninguno de los dos tenía experiencia en librerías ni habíamos trabajado en algo cercano al mundo editorial. Los libros eran para nosotros un interruptor en una habitación oscura o demasiado iluminada, un mirador sobre otras vidas; las librerías eran los espacios generosos que nos permitían reunirnos con ellos.

Unos meses más tarde viajé para elegir el local y firmar la constitución de la empresa. Llevaba desde Buenos Aires tres opciones de locales en alquiler que habíamos visto por internet. Ezequiel se había instalado de nuevo en Poblenou, y a pesar de que recorrimos varios barrios, yo desde el inicio tenía mi lugar favorito. Era un local de dos plantas, con una escalera central, semiderruido, que daba a una calle pequeña, un pasaje en el barrio del Raval. Cuando finalmente lo visitamos, apenas entramos le dije a Ezequiel que en ese lugar debíamos abrir nuestra librería. Como suele pasarnos, él pensaba lo mismo.

Fue difícil lidiar con el dueño de la finca, que nos pedía explicaciones sobre nuestras estrategias para hacer frente a la desaparición del libro en papel —nos costó entender que se refería al avance del libro digital—, pero logramos firmar el contrato y unas semanas más tarde comenzaron las obras de reforma.

Unas horas después de la firma recibí un mensaje de Ezequiel en el que me contaba que había logrado averiguar qué había antes en el local que sería nuestra librería: se trataba de un club que funcionaba bajo el modo de cooperativa, llamado El Arco de la Virgen, del que yo misma había sido socia cuando vivía en Barcelona. Incluso se lo había recomendado cuando él era un recién llegado a la ciudad. Organizaban recitales, lecturas de poesía, pequeñas obras de teatro. Ese lugar había sido importante para mí, una inmersión en una clase de vida que no existía en mi forma de habitar Buenos Aires por ese entonces. Cerrado durante años, a plena luz del día y en estado de abandono, no lo había reconocido. Y, sin embargo, algo dentro de mí sí lo había hecho.

Techos altísimos, molduras antiguas, piso de cemento sin pulir, un pasillo en *panot de flor* como las veredas de Barcelona, anaqueles altos de madera con hierro, lámparas de tubo colgantes, un sillón americano de pana verde cerca del sector de la poesía, plantas carnosas, cinco mil quinientos libros. Apenas seis meses después de aquella primera conversación a la salida del taller de poesía, abrimos las puertas de nuestro local en el barrio del Raval.

En las clases, Fabián solía decir: un taller de poesía no necesariamente tiene que servir para escribir poemas, pero tiene que servir para emanciparse.

Cuando cumplí quince años hice una gran fiesta con todo lo esperado para la ocasión. En un atelier me cosieron a medida un vestido estilo princesa, el corset bordado en perlas y una majestuosa falda de tules en distintos tonos de celeste. Elegí un salón de fiestas presidido por una torre. El nombre del salón, en obvio francés, hablaba de esa torre, un elemento que le daba al lugar un aire de castillo, al menos el tipo de castillo al que las clases aspiracionales de este sur podían acceder. Eran las coordenadas perfectas para una niña de quince años tomada del brazo altivo y ligeramente incestuoso de su padre.

De algún modo extraño, combinaba el gusto por esas tradiciones con la búsqueda de una vida en la ciudad. Viajaba desde mi casa en los suburbios —cincuenta minutos de autobús, cinco paradas de metro— hasta el centro de Buenos Aires para pasar largas horas sentada en alguna cafetería, acompañada de un libro. A los dieciséis años aprendí a fumar en las escalinatas de la Biblioteca Nacional, sola; eran mis recreos de las tardes que dedicaba a leer, eligiendo libros del catálogo casi al azar, la espalda contra los ventanales de ese enorme edificio-elefante. A lo lejos se abría el inmenso río cobrizo al que esta ciudad, desde su fundación, decidió empujar a los márgenes.

En aquella época empecé a escribir.

Tenía un profesor de taller literario que solía ser especialmente cruel con las adolescentes; las páginas de mis primeros cuentos reverdecían bajo su pluma, que tachaba, agregaba flechas, recortaba largas oraciones. En ese espacio aprendí a limitar el uso de adjetivos y los lugares comunes, a recortar todo lo que no fuera materia esencial.

Para algunos de mis compañeros, tener cierta habilidad para escribir equivalía a estar un poco por encima del resto de los mortales. A mí, por el contrario, la inclinación a la literatura me hacía sentir profundamente sola. En el lugar del que venía era algo que podía, acaso, considerarse como un pasatiempo momentáneo, un hobby estético, un atributo pintoresco, como bordar o tocar el piano para una mujer del siglo XIX.

Crecí en un pueblo sin plaza, sin librería ni biblioteca. Crecí en una casa sin libros. Un pueblo de la provincia de Buenos Aires, a exactos cuarenta kilómetros de la ciudad, en donde el campo había sido desplazado por otro tipo de desierto, el del trabajo, el del dinero. Lo único que quebraba la desmesura de la falta era la aparición de un vendedor de libros por catálogo, que una vez al mes tocaba el timbre del portón de rejas verdes que era la entrada de mi casa. Con siete años, esperaba su llegada como los niños esperan las vacaciones. Quizás todo se reduzca a un misterio escaso, quizás escribo para llenar los espacios vacíos de esa biblioteca originaria.

Fui una niña a la que no se le daba bien el juego. Al menos no el típico juego de la infancia. Cada tanto, hacía un esfuerzo: cuando cumplí seis años mis amigos querían jugar a la escondida. Así que jugué a la escondida. Mientras todos se escondían, elegí un armario de mi habitación, en el que por algún motivo alguien había dejado apoyado un espejo, y apenas quise treparme al estante más bajo, se me cayó encima. El cumpleaños terminó en la sala del pediatra. Sobre los cuatro puntos marcados con hilo grueso en mi cabeza armó primorosamente un moño de gasa blanca, que se fue ensuciando con el paso de los días.

Ese encuentro cercano con el espejo quizás tuvo la misión de enseñarme a no fingir. Para la siguiente Navidad, le pedí a Papá Noel —en realidad se lo pedí a mis padres, porque por entonces una vecina más grande ya me había revelado, encerradas en el cuarto de servicio de la casa, el engaño repetido año tras año— un diccionario: un *Pequeño Larousse* ilustrado de tapas rojas que, contrario a lo que indica su nombre, para mí era pesado y enorme, un mundo de páginas frágiles que planeaba llevar conmigo a todos lados.

Durante algunos años, cada noche, me iba a dormir leyendo distintas entradas en el diccionario. En esas páginas encontré por primera vez cuadros de arte abstracto, los nombres científicos de peces exóticos, un castillo con su atalaya, su almenada, su puente levadizo, la metamorfosis de una rana, sauces de río, fósiles de estegosaurio, iguanodonte, megaterio y oso de las cavernas, modos de transmisión —por correa, por engranajes, por cadena—, la *Virgen de las Rocas*, la biblioteca del Vaticano, un autorretrato de Van Gogh. Entre la cubierta y las primeras páginas, además, ciento treinta y dos banderas de países de los que nunca había escuchado hablar, desde Afganistán hasta Zambia, pasando por Puerto Rico, Guatemala, Hungría, Senegal y Japón. Me gustaba memorizar los colores y las estrellas y las bandas de esas banderas que designaban territorios lejanos, más allá de la vida conocida.

En ese universo infinito del diccionario intuí por primera vez la escasez del fragmento de mundo que se nos da en suerte, las posibilidades de la vida entre libros, la espesura del tiempo, plegado sobre sí mismo en páginas que resumen el arte romano y la cinematografía, la estructura interna del oído junto a la pintura clásica. Creo que, de algún modo, fui borgeana antes de leer a Borges.

Lata Peinada abrió sus puertas por primera vez el 18 de abril de 2019, en el barrio del Raval. Fue una apertura sencilla, sin estridencias. Se levanta la cortina metálica, se deja la puerta abierta; en la calle, un pequeño pizarrón con patas amplias que en letras redondas y azules anuncia: librería. Donde antes se erguía un local oscuro y abandonado, ahora hay música, libros, conversación. Es el trabajo de meses, las reuniones con distribuidores, con el gremio de libreros, con el arquitecto que llevó adelante las reformas en el local, las horas mirando y construyendo un catálogo propio, hablando con gestores, con notarios, con agentes comerciales en el banco, rastreando contactos de editores en Latinoamérica. Hubo también un viaje de tres días a Bilbao en un auto alquilado, seiscientos kilómetros de ruta que nos repartimos al volante Ezequiel y yo.

Llegados desde fuera del mercado editorial y desde fuera de España, dos veces extranjeros, buscábamos a alguien que pudiera mostrarnos el mapa, trazarnos la síntesis, la constelación de llaves que debíamos tener a mano para que nuestro sueño librero persistiera más allá de los primeros meses. Nos habían señalado hacia el norte: en algún lugar del País Vasco vivía un gigante sabio que había oficiado como guardián de secretos de librerías durante décadas. Lo difícil era que estaba retirado. Ahora se dedicaba a caminar: durante horas, en ocasiones durante días, se perdía por circuitos inventados entre las montañas que rodeaban su ciudad. El rastro de sus huellas podía seguirse en su paso por las fondas y a través de los amigos a quienes visitaba o invitaba a acompañarlo en algún tramo de las caminatas.

Lo intentamos igual y, quizás en un impulso de compasión hacia dos argentinos con una idea peregrina para abrir una librería en Barcelona, dos semanas después nos respondió. Así conocimos a Txetxu.

Nos recibió en su ciudad. Comenzamos muy temprano en el Café de Bilbao. Tras varias tazas de café, los secretos libreros dejaron la forma imaginaria y se revelaron en las libretas, que se llenaron de apuntes, contactos de amigos en tal distribuidora o editorial, con quién hablar en el gremio, cuántas veces debía rotar nuestro fondo cada año, cifras de ventas de Sant Jordi, las bajas del verano cuando todo se detiene y el consejo en tono imperativo de evitar vivir de las devoluciones: en una librería de finanzas saludables los libros no pueden verse como crédito.

Luego salimos a la plaza, a las calles; el aire helado subía lento desde la ría mansa pero era un día de sol, poco frecuente en Bilbao, y entonces caminamos por la ciudad, visitamos librerías. Parábamos a tomar un pintxo y una caña. Parábamos a tomar un pintxo y un vino. Parábamos a tomar un café y un pintxo. Desde aquel viaje, la conversación nunca se detuvo.

En los días previos a la apertura, muchas veces me despertaba sobresaltada en mitad de la noche. En la oscuridad de la habitación repetía en silencio los pasos pendientes, las lecciones aprendidas sobre el porcentaje de descuento que debíamos pedir a los distribuidores, los plazos para el pago, el procedimiento para la importación de los libros desde Latinoamérica, la estrategia de comunicación que habíamos ideado para nuestro primer Sant Jordi. Sentía cómo mi cabeza se agrietaba para hacer lugar a toda esa información a la que nos asomábamos por primera vez. Estaba aprendiendo una lengua nueva.

Sin embargo, arrojados como estábamos a la inminencia de lo desconocido, por arrogancia o por intuición, esa inquietud nunca me hizo dudar. Las cosas buenas se gestan de modo silencioso durante años, pero también pueden ser un instante de salto al vacío. Hacemos algo que pensamos que nos va a traer felicidad, pero es necesario evitar la anticipación de esa felicidad, hacerle lugar a la incertidumbre.

Aquella mañana de abril no hubo brindis ni palabras de celebración. Estábamos a cinco días de nuestro primer Sant Jordi, ilusionados y muertos de miedo a partes iguales. Alguien nos dijo que era muy auspicioso iniciar asuntos en abril. Algo relacionado con la temporada de Aries, el primer signo del Zodíaco, que sólo pude entender algún tiempo después, cuando comencé a leer sobre astrología.

Para nuestro debut en Sant Jordi no tuvimos puesto en las calles, sino algunas firmas en nuestra recién inaugurada librería del carrer de la Verge. La escultura de la Virgen, que preside el arco en el que termina la calle, parecía inclinada hacia nuestra puerta. Las calles estrechas y oscuras del Raval se expandieron, un aire de luz flotaba sobre la superficie de las veredas, desde los puestos de venta de rosas se elevaban nubes gordas hechas del perfume dulzón del agua, donde se refrescaban los tallos espinosos. Raquel, nuestra vecina del café de enfrente, sirvió vermú y cerveza durante todo el día mientras nosotros saludábamos a clientes y escritores y vendíamos muchos libros. Aquel día estrenamos la felicidad de ver por primera vez la librería llena de gente.

Al mes de la apertura, sí hicimos una fiesta. Coincidía con mi cumpleaños y bebimos y celebramos con amigos y amigas nuevos que se sentían una familia de guardar.

Para esa época ya se habían presentado dos de nuestros primeros clientes fieles: Ana y Cacho. Luego vendrían muchos otros: Chari y sus clubes de lectura; Pepe y sus compras de a montones, que nunca parecen saciar sus apetitos de lector incansable; Eduardo y sus pedidos de novedades recién llegadas del otro lado del océano; Ángels y su viaje semanal desde Girona durante meses. Hace poco le pregunté si recordaba cuál había sido el primer libro que compró en nuestra librería. Acomodándose entre mudanzas y el nacimiento de su primera hija, a modo de respuesta me envió una foto: una edición de viejo de *Extracción de la piedra de locura*, de Alejandra Pizarnik, que recuerdo haber comprado en una feria de libros, una mañana oscura en Buenos Aires, algunos años atrás.

Ana y Cacho no se conocían hasta que llegaron a nuestro local, cada uno por su lado, movidos por las notas de prensa que comenzaban a dar cuenta del impulso irreflexivo de dos argentinos: llevar libros de editoriales independientes latinoamericanas al barrio del Raval.

Cacho formaba parte de un grupo de taller de narrativa que pasó a ocupar las mañanas de los jueves en las mesas dispuestas junto al sector de poesía, en la planta alta de la librería. Tiempo después, cuando inauguramos en nuestro blog la sección de textos de alumnos de talleres, el de Cacho fue el primero que publicamos: una crónica del extrañamiento y la añoranza del origen. Cacho y su madre anciana, que le besa la frente y le da bizcochos de desayuno; Cacho y su caminata por librerías y su modo de mear y su corazón atestado de compañeros enterrados en el río y su voz de tango y su acento español en los vaivenes de la burocracia de Buenos Aires.

Ana Portnoy se hizo fotógrafa en el exilio. Los últimos meses antes de lograr dejar el país vivió en la clandestinidad. Salió de Argentina con documentos falsos, con una hija de tres años y embarazada de seis meses. La primera foto que me tomó fue en junio. Estoy en nuestro callejón, la luz se filtra por los costados, llevo un vestido floreado, la mirada joven, el rostro sin maquillaje, el pelo largo.

Ella sabía la historia de la muerte de mi mamá, había leído *Las estrellas*. Jamás me habló de su enfermedad. La última vez que la vi, nos encontramos en un café de la Rambla de Catalunya. Yo llegué antes, había elegido una mesa cerca de la puerta, pero ella tenía frío y me pidió que fuéramos hacia el fondo del salón. No comió nada, apenas tocó el té que le trajo un camarero apurado. Habló como siempre, ese brillo que hacía que sus ojos parecieran hojas verdes, tan vivas. Pero aun en la parte de atrás del local ella tenía frío, se cruzaba de brazos, se movía en la silla. Dijo que estaba bien, pero yo conocía esa clase de frío.

Cuando nos separamos, sobre la parte central de la Rambla, giró para pedirme una última foto. Estoy sonriendo, pero el cansancio se me nota en la cara, el sol me llega desde un costado y parezco profundamente buena. Esa no soy yo. Es un halo que se repite en sus retratos, sea quien sea quien esté del otro lado de la cámara, quizás porque cada foto de Ana es en realidad una forma del autorretrato.

Ana Portnoy era conocida como fotógrafa de escritores y escritoras. En su web, que sigue online, puede verse ese último retrato que me hizo: encima de mi sonrisa y de la campera de vinilo negro, que fue uno de los últimos regalos que recibí de mi mamá, se lee: Paula Vázquez, librera.

La primera vez fue en junio.

De regreso en Buenos Aires, después de una larga temporada en Barcelona, pasaba los días pensando estrategias de comunicación o delineando los siguientes envíos del Club del Libro, una suscripción mensual de novedades de editoriales latinoamericanas, autores y autoras jóvenes por descubrir, o bien otros arrojados a los márgenes de sus tiempos.

Habíamos festejado mi cumpleaños solos, en nuestra casa del barrio de Belgrano, yo levantaba una copa de agua, era muy pronto para que los amigos y la familia supieran la noticia. Íbamos en el auto, rumbo al control de la octava semana. L. equivocó el camino y de repente nos encontramos ante un cordón policial. Desde temprano no me sentía bien. Un dolor que no podía precisar se irradiaba desde la parte baja de mi cintura, de a ratos me trepaba a las costillas o descendía hasta quedar haciendo olas en la parte interna de mis muslos.

Dos días antes había tenido una pérdida. Estaba en el baño cuando sentí que algo dentro de mí se había soltado. Dos puntos de sangre contra el agua. Aunque la obstetra me dijo que podía ser normal y que había que esperar, yo ya sabía. Cuando el policía intentó detenernos, le grité que estaba embarazada, que tenía que ir al médico, y estuve a punto de decir que estaba teniendo un aborto, pero con los primeros gritos se asustó y nos dejó pasar sin más preguntas.

El centro médico se ubicaba en el primer piso de un gran edificio construido en vidrio y metal. Un ascetismo que subraya lo opuesto al abrigo. Estuve sola en la camilla, sin L. El protocolo indicaba que todo el mundo debía ingresar a los consultorios sin acompañantes. Sola miré en la pantalla y vi: nada. No la clase de nada que es materia para la creación del paraíso. La clase de nada que es la oscuridad. La clase de nada que es la muerte.

Tuve que esperar, sola, los segundos en los que la médica seguía explorando y midiendo mi interior hasta que decidió anunciar lo que yo ya sabía: el embarazo se había detenido.

Cuando salí del consultorio, L. estaba de pie contra una pared, como si necesitara un apoyo extra para evitar que el golpe que iba a recibir lo tumbara de espaldas. De algún modo, él también sabía. Teníamos planeado un almuerzo en lo de mi hermana: una casa de familia con sobrina niña y sobrino bebé. Juguetes, dulces, triciclos, mantas con motivos de dinosaurios. La llamé por teléfono, no recuerdo cómo le dije lo que había pasado, lo que había dejado de pasar: un latido. Luego nos subimos al auto y volvimos a casa en silencio.

No había procedimientos a los que acudir ni pastillas que comprar, los días siguientes sólo podíamos esperar.

Cómo se siente algo que late y ocupa espacio dentro del cuerpo. Cómo se siente el cuerpo hinchándose, el vientre, las caderas haciendo espacio, rotando microscópicamente, trabajando para convertirse en hogar y fuente. Y después, cómo se siente un vacío crecer hasta derramarse, sobre las piernas, en el agua del inodoro, en las compresas, sobre la cama, desprendiéndose de las paredes esponjosas que mi cuerpo había fabricado en vano.

Un atardecer de infancia en el campo que era de mi abuelo. Desde la tranquera, hacia el oeste, podíamos ver el puente viejo sobre el río, los camiones que seguían la ruta a lo lejos, los pastizales altos contra el alambrado, todo cubriéndose de violeta y carmesí para dar paso a un último fulgor de rojo encendido, antes de la llegada de la sombra.

Yo tenía cuatro o cinco años. Mi tía, la hermana de mi padre, me sostenía sobre la madera despintada de la tranquera mientras me contaba cómo, mucho tiempo atrás, otros que miraban el horizonte antes que nosotros creían que cada uno de esos colores había sido creado por un dios o una diosa y que, a veces, eran el resultado de sus pasiones o de sus batallas.

Ese recuerdo me despereza cada tanto, me saca del sopor de los gestos pequeños que nos llevan a considerar la vida como propia, desprovista de uniones o puntos de arraigo que nos conectan a todo lo vivo de este mundo. Aún veo los colores, su resplandor contra mis ojos de niña. Con el tiempo me di cuenta de que esa impresión tan vívida, en la mirada y en el corazón, unida a las historias de criaturas mitológicas, es la primera fuente de mi inclinación hacia la literatura.

Después de una larga temporada volcado al dibujo, el artista argentino Luis Felipe Noé pintó en 1975 una serie de cuadros llamada «La naturaleza y los mitos». En la mayoría de ellos el horizonte está veteado de azules y anaranjados intensos, olas de rosados que se extinguen contra la línea de la tarde, un atisbo de oscuridad que surge desde lejos. En primer plano, criaturas antropomorfas, un caballo alado, una mujer pariendo a un hombre adulto vestido de traje. De toda la serie, mi preferido es uno en el que hay un niño con cabeza de girasol, un lobo, un gato negro, un hombre rendido y, en el medio, el pecho desnudo de una mujer. Se titula *La naturaleza del deseo*.

El propio Noé dijo entonces que su regreso a la pintura se debía a un contacto inmersivo en la naturaleza, lo que lo llevó a acentuar el aspecto simbólico de su obra, con su evidente «exceso literario». Añadió que esta sintonía entre su paisaje y su obra estaba de acuerdo con la definición de arte de Coleridge: convertir la naturaleza en pensamiento y el pensamiento en naturaleza; lo interior en exterior, lo exterior en interior.

Mi tía vivía en la ciudad pero pasaba largas temporadas en la casa de su infancia, que era la casa de mi abuela. Habían construido una segunda planta exclusivamente para ella, donde había una habitación, un baño, un pequeño living con una biblioteca que daba a un balcón sobre el jardín. Esa fue la primera biblioteca en mi vida: libros de filosofía y de religión, cubiertas de tapa dura, ediciones bilingües en griego o latín y francés; en definitiva, libros que no podía leer, una frontera, otro modo de extranjería. Pasé largas horas en esa planta alta, contemplando la biblioteca como a un objeto sagrado, que no nos está permitido tocar.

Durante su juventud, mi tía pasó una temporada en cama. Mi papá solía decir que los libros la habían enfermado.

Las dos venimos de hombres que trabajaron con el cuerpo y con la inteligencia para vender. Mi abuelo tenía un tambo, luego abrió un negocio en el que vendía forraje. Mi papá abandonó el colegio antes de terminar la secundaria para continuar el camino familiar, a los quince años compró su primer camión, cuando todavía no tenía registro de conducir, a los diecisiete compró el segundo.

¿Por qué fundar una librería del otro lado del océano? Todo el mundo lo hace en su ciudad o, si la decisión implica una mudanza, un corte, la librería como posibilidad de vida nueva, el destino elegido suele ser el pueblo de la infancia, un pequeño lugar idílico donde todos son viejos conocidos y se ayudan entre sí. Pero la literatura para mí no es infancia ni origen sino horizonte de destino, una ventana abierta hacia una porción más amplia del mundo.

En la teoría de conjuntos, dos conjuntos que tienen los mismos elementos son iguales, su individualidad desaparece, son uno solo. No es correcto decir «un conjunto vacío». Es correcto decir «el conjunto vacío». No sé bien cómo, pero después de la primera pérdida todo el mundo se enteró. Comenzaron a llegarme decenas de relatos de mujeres a las que les había pasado «lo mismo». Todas nosotras formábamos el conjunto vacío, un espacio entre llaves, una incógnita, una pausa obligada, sin posibilidad de intersección.

Las pérdidas son un acontecimiento que se nos impone por defecto o por sabiduría de la naturaleza. No aparecen en la discusión pública ni en las conversaciones entre mujeres. Yo no sé si mi mamá perdió embarazos, supe que mi tía sí; mi suegra perdió dos embarazos; la mujer de un amigo de la infancia, que tiene seis hijos, perdió dos embarazos; una de mis mejores amigas perdió un embarazo; una de nuestras mejores clientas de la librería de Madrid perdió dos embarazos; la prima de una amiga perdió cuatro embarazos; mi compañera de maestría perdió dos embarazos, casi al mismo tiempo que yo. Pero sólo supe de todos estos duelos, tan cercanos a mi vida, cuando comencé a hablar de mis propias pérdidas.

Una mujer que pierde embarazos arrastra una suerte de falla: las que luego tienen hijos prefieren olvidarlo, porque ahora están completas. Las que no han podido tener hijos también prefieren el olvido, porque la palabra sólo trae la confirmación de la falta, la condena a una vida incumplida.

Durante siglos, nuestro cuerpo estuvo secuestrado; bajo los mandatos de reproducción y de placer ajenos, masculinos, fuimos engranajes gratuitos y silenciosos de la reproducción para la producción. Recluidas en lo doméstico, en la intimidad de lo privado, ningún espacio era nuestro. En la obra de muchas escritoras suele enfocarse el cuerpo como tema principal, quizás para reparar ese secuestro histórico. A veces pienso que escribir es un modo de reparación, un modo artesanal del zurcido, que habilita segundas o terceras vías, segundas o terceras vidas. A veces pienso que escribir es un modo educado del rencor.

Durante semanas sólo sentí el cuerpo: su vaciamiento. Quise registrar el proceso, las sensaciones, el desarticulado de ese modo de ser que había durado siete semanas. Lo que se volcaba fuera de mí eran fragmentos. Escribía tan mal que ni yo misma podía descifrar mi letra.

Algunos psicólogos conductistas recetan ejercicios de grafología como modo de buscar cambios a nivel psíquico: la caligrafía es un reflejo de la psiquis, cambiar la grafía podría cambiar la estructura psíquica. Me compré un cuaderno y empecé a entrenar la mano, como cuando en primer grado la maestra manda tarea para aprender a escribir. En letras mayúsculas, bien amplias y desparejas, algunos trazos finos, otros demasiado gruesos, fui completando línea tras línea: un manual de ejercicios, un camino de signos, la cartografía de las pérdidas.

Todo está lleno de papel. Ya no son sólo los árboles, que son potencia doble, los libros y los estantes que los contendrán. A diario decimos: te escribo. A diario decimos: escribime. Y eso hacemos. Escribimos, nos escriben, leemos, nos leen, mensajes en chats y redes sociales, notas que tomamos en libretas o en el bloc del teléfono o en las pantallas sobre las que se puede escribir con esos mágicos lápices electrónicos. Más que nunca el mundo está lleno de papel. Más que nunca el mundo está lleno de lectores.

Este despliegue es riqueza. Este despliegue no puede ser prólogo de la extinción.

Por eso, una librería requiere algo más que considerar el libro como objeto, con su puerta de entrada y de salida, con sus límites, con la natural caducidad de todas las cosas.

En la apertura de una librería se trata de establecer un lugar colmado de voces y sus infinitas posibilidades de diálogo. Abrir una librería es, sobre todo, organizar el espacio para la fertilidad que implica la lectura y su desborde hacia la conversación. Por eso, una de las decisiones más importantes que tuvimos que tomar fue bajo qué criterio agrupar los libros.

Como librería dedicada exclusivamente a la literatura latinoamericana, nuestros estantes representan el mapa imposible de una geografía que se nos escapa, por extensa, por su continua metamorfosis, por su inclinación al mestizaje. Nuestra librería quiere ser refugio para un territorio y su lengua movediza, a la vez que puede ser una flecha en oposición al sentido de circulación de esos muchos barcos durante cientos de años.

Sin embargo, no quisimos dividir la literatura por países. Pese a nuestra búsqueda de ampliar el canon, también nos negamos a separar a las escritoras de los escritores. ¿Por qué crearles un cerco, un siempre escaso corralito identitario, un rincón en el que pastar con sus supuestos semejantes? Después de pensarlo mucho, finalmente nos inclinamos por las etiquetas clásicas de narrativa, poesía, ensayo, libros ilustrados.

En la planta alta dispusimos el lugar para los talleres, mientras la librería puede seguir abierta, recibiendo público. En la planta baja, el lugar para las presentaciones: dos sillas de colores, una mesita redonda de patas abiertas para exhibir los libros.

Cuando, tras aquella charla inicial con Ezequiel, empecé a imaginar la luz y los tapizados de los sillones y las mesas y los escaparates de nuestra librería, bajaban sobre mis ojos todos los recuerdos de esas otras librerías, lejanas o de barrio, históricas o fugaces, reales o de ficción, las imágenes de todas las librerías en las que fui feliz.

Una suerte de aleph de todos esos lugares amados: me gusta pensar que nuestra librería es circular e infinita, porque contiene nuestras biografías de lectores y caminantes de librerías y, sobre todo, porque está unida a las vidas previas que pasaron por ese local en el carrer de la Verge y a las vidas que vendrán.

Apenas seis meses después de que las puertas de Lata Peinada se abrieran por primera vez, alojamos en nuestro local y en nuestra calle el primer Festival de Literatura Latinoamericana. Era un octubre de sol suave que parecía multiplicarse desde la superficie pulida del Mediterráneo hasta el núcleo de nuestro rincón en el Raval, vestido de fiesta para los escritores y escritoras que nos visitaban, para los lectores que venían de todas partes, movidos por el entusiasmo de lo nuevo.

Más de cuatrocientas personas pasaron por la librería en esos dos días. Desde entonces, cada octubre celebramos una nueva edición de nuestro festival.

La segunda vez estaba en Madrid, trabajando catorce horas al día. Habíamos decidido volver a cruzar el océano movidos por una corazonada o una obstinación. Apenas un año y medio después de la apertura en Barcelona, decidimos abrir una sucursal de Lata Peinada.

Elegimos un local de escaparates amplios con unos enormes lirios amarillos pintados directamente sobre la piedra de la fachada, en el borde del barrio de Chueca: edificios bajos con pequeños balcones repletos de flores, el cielo de un azul compacto, banderines de colores que cruzan las calles angostas, tiendas de diseño que mezclan lámparas de pie con vinilos y zapatos de cordones flúor. Es uno de mis barrios preferidos de Madrid, donde la vida es más parecida a Buenos Aires, con bares ruidosos, llenos de gente a toda hora.

Después de meses en los que no dejaba la cama más que para pasar al sillón, estar en una terraza en Madrid, al sol, tomando café o cerveza, mientras recibíamos cajas y organizábamos el catálogo de la librería, actuó sobre mi cuerpo como recuperar una joya antigua, un comienzo nuevo para algo que creíamos extraviado.

Con L. nos gustaba salir a caminar por el parque del Retiro. Los lunes, cuando no suele haber casi gente, dábamos largos paseos junto al lago, íbamos por los senderos como turistas perdidos, nos sentábamos detrás del Palacio de Cristal o en los bancos flanqueados por abetos de extrañas copas redondeadas como alvéolos, la mirada enfocada en el presente, hablábamos de lo que nos rodeaba: los patos y el sol estridente, el halo naranja de calor sobre las veredas, la ausencia de nubes y el movimiento de los mirlos y las urracas.

Yo leía las novedades literarias, Andrea Abreu, Marta Sanz, Selva Almada. Apenas teníamos tres amigos en la ciudad, pero nuestra breve medida de dos nos era suficiente para sentir que habíamos regresado a la parte alta del camino.

Cuarenta y cinco días después de nuestra llegada a Madrid, mientras comenzábamos la obra en el local, el test de embarazo volvió a dar positivo. No podía reconocer nada de mí en aquella situación. Habíamos desarmado nuestra casa para volar a miles de kilómetros, estábamos en un departamento temporario, en una ciudad de desconocidos y sin cobertura médica.

Hice algunas llamadas hasta que me recomendaron una obstetra que cobraría un tercio del salario mínimo por una consulta. En las semanas siguientes todos los síntomas se fueron presentando y yo los recibía como a las banderas de mares favorables en las playas del verano.

Los días se llenaban con decenas de cajas de libros que yo no podía mover, el debut del grifo de la cerveza que yo no podía beber. El tiempo no alcanzaba, pero no podíamos retrasar la fecha de apertura. Muchas noches regresé casi de madrugada. L. me pasaba a buscar, o venía a cumplir con la cuota del trabajo que yo no podía hacer.

Todo parecía ir bien. No tuve pérdidas, tenía todos los síntomas del primer trimestre, nada en mi interior se había soltado. Sin embargo, cuando finalmente llegó el día de la consulta, no había latido.

La médica que me atendió sólo era apenas mayor que yo, pero ni su juventud ni su género ni su consultorio de lujo en una clínica de lujo en el centro del barrio más elegante de Madrid le impidieron descargar sobre mí siglos de violencia obstétrica. En medio de la ecografía, sin avisos ni preámbulos y con la expresión de quien sella un formulario, me anunció que era necesario establecer un turno para realizarme un legrado.

Todavía mareada por las señales que me mandaba mi propio cuerpo, algún instinto de supervivencia me hizo escapar del consultorio. Cuarenta y ocho horas más tarde estábamos de regreso en Buenos Aires.

Las pérdidas empezaron a las dos semanas de saber que lo que había comenzado a expandirse dentro de mí se había apagado. Una noche sufrí una hemorragia tan fuerte que tuve que ir a la guardia. Sangré desnuda sobre la camilla mientras me hacían exámenes, hasta que llegué al consultorio del obstetra. En los pasillos, en las salas de espera, mujeres con sus bebés redondos, perfectos, o con sus vientres redondos, perfectos.

Los días pasaban encadenados, sin nunca llegar a formarse del todo. Las horas eran inútiles, como pájaros de alas atrofiadas, incapaces de volar. En los meses siguientes una espesa película se extendió sobre mi cuerpo, cubría mis párpados, las yemas de mis dedos, se volcaba desde mis manos hacia todo a mi alrededor. No me fue fácil descubrir la naturaleza de ese sentimiento, una mancha negra sobre el corazón, que me ahogaba.

En los libros, en las canciones de la infancia, en las películas, a las mujeres se nos enseña a esperar: nuestras menstruaciones, primero; a los hombres, que siempre están regresando del trabajo o de la guerra, después; y, por último, el embarazo, caracterizado como un momento de quietud, una ocasión de recogimiento. Durante esos meses el mandato es abandonarse al placer del aburrimiento, estar calentitas escondidas entre mantas y tés de hierbas y almohadillas eléctricas, rodeadas de las flores que, se supone, inundan cada rincón de nuestros hogares.

Yo no había sido capaz de construir el tiempo ascético, libre de otros impulsos o necesidades, el tiempo de la dulce espera. Sentía culpa por haber deseado otras cosas, por haber deseado más.

Un poema de Laura Wittner que lleva por título «Por qué las mujeres nos quemamos con el horno» dice que todas tenemos la marquita roja, la quemadura de horno, sobre la mano. En su caso es la mano con la que escribe. Es una marca de distracción y de culpa, propia de las mujeres que no estamos dedicadas al horno, que no le prestamos toda nuestra atención, que no entregamos nuestra vida a ese núcleo del hogar. La marca en la mano con la que se escribe: nuestra señal, el símbolo de pertenencia a la cofradía de las culpables, el costo que tenemos que pagar por negarnos a ser lo que debemos ser: devotas.

Es una noche de una oscuridad metálica, el viento dobla las ramas de la palmera a la que da la terraza de nuestro departamento, sobre un pulmón de manzana de Belgrano, aún lleno de casas bajas pobladas de enredaderas húmedas y patios con árboles antiguos. Era mi casa de soltera y ahora L. busca hacerla propia. Estoy en mi escritorio, reviso el resumen de las ventas del día, que me llegan al correo cada tarde. Me alegro especialmente cada vez que se venden ejemplares de la sección del catálogo que llamamos «joyitas»: una selección de primeras ediciones y descatalogados, que me ocupo de buscar, uno a uno, en librerías de viejo y ventas de bibliotecas.

De pronto se corta la luz. Una falla del edificio, un salto eléctrico en nuestro piso, un apagón generalizado, no lo sabemos. Voy hasta el tablero eléctrico, detrás de la puerta de entrada, pero nada parece fuera de lugar. Yo estoy decidida a cenar pescado y entonces salgo a comprar usando las escaleras en vez del ascensor.

Bajo en la penumbra, marcándome el paso con la luz blanca de la linterna del celular. Una puerta se cierra con un estruendo. Me sobresalto y dejo caer el teléfono, que va a parar varios escalones hacia abajo. Quedo a oscuras, suspendida en un lugar inadecuado en el espacio común del edificio. Una humedad interior sube desde las profundidades de los cimientos.

El sentido de la orientación que me caracterizó siempre es ahora una brújula irremediablemente rota. Como una huella oculta en un camino que hacemos a diario, ahora visible tras la tormenta, en una fracción de segundo comprendo que para cambiar el resultado —la frustración, la pérdida— tengo que abrir vías nuevas.

En los días que siguen paso muchas noches sin poder dormir. El insomnio de una especie de caída: la cama es una superficie que se ablanda, el techo se aleja, la oscuridad resplandece, se abre un túnel hacia el otro lado. Abandonar la vida conocida, el modo de caminar, de vestir, de hablar en público o en la intimidad de la noche. Dejarse caer.

Igual que los reptiles, algunas clases de arañas mudan sus exoesqueletos para crecer. Es un proceso difícil y peligroso: se ponen patas arriba y durante horas luchan para salir de su antigua piel. Si no lo logran, pueden morir deshidratadas. La araña es obrera orgullosa, con la ayuda de su hilo alcanza la libertad. Su tela está constituida de rayos y de círculos concéntricos, urdimbre y trama. La araña se sirve de su propio material; con su práctica de artesana modela el destino, teje para conocerlo. Esto explica su función adivinadora, reconocida en muchas culturas: guarda los secretos del pasado y las claves de lo que mañana será horizonte.

La casa, la cueva, el nido, la forma del porvenir.

Me anoté en un taller de cerámica.

Las clases son en una pequeña porción de selva del barrio de Chacarita, en una calle tranquila sembrada de plátanos y con un mítico bar de rock en la esquina. Es la casa de Mishal, un nombre de origen persa que, según descubrí tras una breve investigación, significa «faro de luz». Hace unos años Mishal se cansó de su trabajo como arquitecta y decidió dedicarse a la cerámica. La casa tiene unos ventanales enormes que sirven de puertas hacia la galería, que llega hasta el jardín. Todo está lleno de plantas, bandejas de colores brillantes, tapices de hilos gruesos y toda clase de objetos antiguos y hermosos.

Somos apenas cuatro alumnas, cuatro mujeres que tomamos té y charlamos mientras hundimos las manos en arcilla o hacemos círculos con un pincel sobre una bandeja aún fresca.

En la primera clase Mishal dijo pocas cosas. Señaló dónde estaba la arcilla y nos mostró cómo se corta, luego habló de una técnica para trabajar con las manos y otra con moldes, nos enseñó cómo usar algunos instrumentos. Después, nos dejó probar. Entonces sentí por primera vez la arcilla entre los dedos, hice un bollo, le di forma bajo el calor de la palma de mi mano.

En la Antigüedad, la cerámica se consideraba una de las artes mudas, de las que no requieren de la palabra ni sonidos. Con el tiempo los elementos fabricados en cerámica comenzaron a llenarse de dibujos, esgrafiados, líneas de colores, mensajes y significados. Hay quienes sostienen que las vasijas tienen sonido interior, vibraciones, conectadas con las de quien las hace. El mutismo de la cerámica es sólo aparente.

Ese día me limité a hacer girar el bollo de arcilla entre las manos hasta lograr un cuenco torcido, de paredes irregulares y accidentes de textura rugosa. No había ninguna sensación de pase de magia, se veían con toda claridad los procesos, el paso del tiempo bajo el instrumento humano, las manos, su poder. Cuando las descubren, los bebés miran continuamente las manos, las propias, las que los rodean, las que los sostienen. Es comprensible, son maravillosas.

Una de mis compañeras trabajaba a la vez en un grupo de cuatro pequeños platos de arcilla roja. Sus manos iban y venían, como insectos ocupados, entre las piezas. Luego se detuvo en una de ellas. Parecía estar en otro lado, pasaba una esponja una y otra vez, despacio, como en estado de meditación, hasta afinar un borde para que ya no lastimase.

Mishal nos miraba con la espalda levemente apoyada contra el ventanal.

Nos habló de los momentos del horneado, de la temperatura necesaria, de cómo eliminar las grietas para evitar que la pieza se quiebre. Hay que esperar varios días hasta que cada elemento esté seco, luego irá dos veces al horno, dependiendo de las técnicas de pintado o del esmalte que se use. El treinta por ciento de las piezas se pierden, dijo. Hay que aceptarlo. Así es la cerámica.

Compramos un auto nuevo. Reemplacé mi hermoso auto compacto, alemán, por algo cercano a una camioneta de familia. Cuando la vi por primera vez, exhibida en el centro brillante del salón de la concesionaria, llevaba una sillita de bebé atada al asiento trasero, a modo de muestra. Podría haberlo sentido como una mala señal, un recuerdo de las pérdidas, pero elegí nombrarlo buen augurio.

Con la camioneta nueva, salir de Buenos Aires se convirtió en un modo de evitar las largas pausas del fin de semana. Las cuatro horas de viaje hasta cualquier destino cercano —el campo, la playa— ocupan una parte significativa del día. Vamos por la ruta desierta, escuchamos música, frenamos a tomar café o a cargar nafta. L. y yo, un binomio doliente que necesita el desplazamiento para formar cicatriz.

Es sábado, del otro lado del océano, en Barcelona, la primavera trajo un calor inesperado, la gente se volcará a la playa y eso augura un día tranquilo en la librería. De nuestra tienda en Madrid me llega una foto: para nuestras redes sociales un cliente recomienda la biografía de Nicanor Parra, escrita por Rafael Gumucio. Ese libro se presentó hace unas semanas, en la tienda de Barcelona. Al momento de las preguntas, desde el fondo de la librería se alzó la voz cordillerana de Raúl Zurita, quizás el más grande de los poetas vivos. Ezequiel me mandó una foto en la que Zurita lo abraza y mira a la cámara muy sonriente. Las desgracias de la distancia, desear que se me conceda el don de la ubicuidad o que la teletransportación se anuncie pronto.

Mientras, de este lado, L. y yo vamos por la ruta hacia nuestro propio mar, oscuro y profundo, el mar argentino en el inicio del otoño. La playa a la que solemos ir es ancha y está presidida por altos médanos vírgenes, arenales vivos que se desplazan con los vientos sobre la línea del mar, y que sólo se interrumpen en la entrada del complejo en el que nos alojamos.

Pasamos largas horas sentados en unas reposeras blancas, cerca de la orilla, refugiados detrás de la casilla del guardavidas, apenas una habitación de madera con una escalera a la que le faltan algunos peldaños, que fuera de temporada está vacía. Siempre cambia algo cuando estoy frente al mar. Al mar fui a escribir cuando se murió mi mamá, a un puerto de Sicilia donde «mar» se dice *mare*. Al mar fui a fundar una librería, esa posibilidad de alumbrar para mí una vida distinta, junto a la costa del Mediterráneo donde «madre» se dice *mare*.

Miro el agua envuelta en una capucha improvisada con un pañuelo, protegiéndome del viento golpeador tan propio de nuestras playas. A pesar del frío, el sol está fuerte y yo achico los ojos, de a ratos persigo los puntos luminosos con forma de lombrices que, por el efecto de la luz tan vertical, laten unos segundos contra el cielo para desaparecer detrás de mis párpados.

Pienso en mi abuela, que cocinaba todos los días para las tres hijas —mi madre y sus dos hermanas—, un marido, sus propios padres. Todos vivían en la misma casa, cerca del río. Tenían gallinas que cada tanto había que matar y pelar, una huerta, chanchos. Después de horas de trabajo, llevaba la comida a la mesa. Cuando apoyaba la fuente sobre el mantel, exclamaba: ¡Coman! ¡Revienten!

Mi mamá solía contar la historia riéndose. Con los años, cuando empecé a pensar en las vidas de las mujeres de mi familia, me di cuenta de lo que esa frase escondía: mi abuela cumplía con la función materna, daba el alimento para sostener la vida, y, en el mismo acto, les deseaba la muerte.

La posibilidad de mi propia maternidad me obliga a volver sobre las maternidades que conozco: la de mi madre, la de mis abuelas, la de mi hermana. Aguas más o menos oscuras, la fuerza de lo aprendido en esas voluptuosidades primitivas que están en el oleaje de la fisiología materna y el contraste con el rumor externo del mundo. Todas las diosas nacieron del mar: desde la

Nammu sumeria, la Isis egipcia, Afrodita, hasta la cristiana y virgen María, su nombre también significa mar.

Aún en la reposera blanca, termino de leer una novela que traje especialmente para este día, en la que hay muchos personajes a los que les suceden las cosas más insólitas y las experiencias más lacerantes, pero al final el texto sólo resulta una sucesión de eventos encadenados, sin raíz ni huella. Pienso en cuál es la distancia entre eso y la literatura, y así, distraída en estos pensamientos, voy hasta la orilla y meto los pies en el agua. Me parece dulce y suave, por algún milagro no está fría como siempre. Pero de pronto algo cambia, una descarga violenta me sube por encima de las rodillas, me desestabiliza, me da miedo, y el mar se me vuelve oscuro, bravo, peligroso.

Al día siguiente amanece nublado, estamos por emprender el regreso cuando el cielo empieza a abrirse. Voy una vez más hasta la orilla, contra el viento; hay una depresión aguda en la que las rompientes hacen espuma. Descalza, avanzo unos metros en el agua, siento las olas que me golpean los tobillos y me envuelven y me quieren llevar, algo que abraza y aquieta, algo que puede ser peligroso a la vez, como la literatura, como una madre.

Entre el 20000 y el 15000 a. C. las tribus que habitaron los valles de Dordoña, el Vézère y el Ariège, hoy Francia, pintaron las paredes en la profundidad de sus cuevas y tallaron estatuas. Entre ellas se encuentra la conocida como diosa de Laussel: una imagen femenina de cuarenta y tres centímetros de altura, con el vientre y los pechos hinchados, que lleva en la mano derecha un cuerno de bisonte en forma de luna creciente, con trece muescas que representan los trece días de la fase creciente de la luna y los trece meses del año lunar. Su cabeza está inclinada, de modo que dibuja una curva que conecta la fase de la luna con la fecundidad del útero.

En *El mito de la diosa*, un maravilloso libro de casi mil páginas, las antropólogas Anne Baring y Jules Cashford rastrean la evolución de las imágenes de la diosa en las culturas occidentales. Descubrieron que la representación de la diosa en imágenes y esculturas, que desde el Paleolítico simbolizaban la visión de la vida como unidad, la correspondencia entre lo que ocurría en los seres humanos y en el universo, fueron sepultadas y olvidadas unos cuatro mil años atrás.

A partir de la mitología babilónica comenzó a desmontarse la creencia antigua en la divinidad de la naturaleza y en el carácter unitario de todo lo que integra el universo, que pasó a ser caracterizada como fuerza caótica que debe ser dominada.

Las autoras creen que ahí está la raíz de nuestro pensamiento basado en términos binarios: intelecto versus emoción, razón versus instinto, civilización versus naturaleza, cuerpo versus alma, vida versus muerte. El principio femenino como expresión de la unidad de la vida, dicen, lleva perdido desde aquella época, y este recorte es el causante del desequilibrio que llevamos, en definitiva, lo que trae injusticia social, guerras, sufrimiento, la reproducción del patriarcado y sus violencias, la destrucción de nuestro planeta. Como camino, proponen volver a colocar lo femenino en una relación de complementariedad con lo masculino.

Llegué al libro sólo atraída por el título: lo vi al pasar, en una vidriera de una librería de cadena, entré y lo compré. Desde entonces, la imagen de la diosa de Laussel me quedó en el fondo de la cabeza, instalada como una señal de algo perdido, una parte de la historia que nos fue arrebatada, un pedazo de mi biografía, de mi potencia, que en algún momento había sido cercenada.

Después de la segunda pérdida vino el tiempo de la exploración. Mi cuerpo se convirtió en algo que había que medir, diseccionar para recoger muestras, examinar siempre en partículas, sus estados, sus índices, su funcionamiento, sus posibles interacciones con las partículas de L. Pequeños golpes con las yemas de los dedos para rastrear el recorrido de las venas, la acción de las agujas, la retribución de la sangre.

La anamnesis es el resultado de la entrevista clínica con el médico. Es el primer paso para la conformación del diagnóstico, para analizar la situación clínica y los pasos que hay que seguir. En la Antigüedad, el encuentro entre el médico y el enfermo era una parte primordial no sólo del diagnóstico sino del tratamiento: en la escucha del sufrimiento se abría el camino para la cura o el consuelo, que en ocasiones puede ser lo mismo.

Hay una estrecha relación entre la enfermedad de una persona y la verdad de su ser. El sentido de un cuerpo tiene que ser narrado. Pero con el avance de la ciencia la importancia del encuentro fue sepultada, y así se separó el dolor del padeciente, la conversión de la enfermedad en un objeto aislado, desprendido del enfermo.

Los médicos y médicas de la actualidad ya no practican la anamnesis, no hay mirada al paciente sino mirada escópica: en los consultorios estrechos de una guardia o con amplios balcones sobre una avenida en Madrid, envuelta por las paredes pálidas que casi me tocaban los hombros, bajo el brillo inclemente de los tubos sin calor, el médico o la médica mira la pantalla de su computadora, mueve los dedos en pinza para hacer zoom en los resultados de laboratorio en su celular, gira para ver las imágenes de mi interior en el contraste con una superficie de plástico pulido, mientras yo permanezco en silencio, muda bajo las lupas y las agujas y el bombardeo radiactivo. La palabra bajo llave, sin posibilidad de narrar.

Como las exploraciones médicas no arrojaron resultados concluyentes, no sé si la causa de las pérdidas fue física o psíquica. Suelo estar convencida de que toda causa tiene raíces múltiples y afianzadas en uno y otro lado del asunto, pero escoger una opción sería más sencillo.

Podría beber todos los medicamentos e inyectarme todas las sustancias capaces de desactivar la falla y disponerme sobre todas las camillas con las piernas abiertas al falo lubricado del ecógrafo y comer muchas verduras y dejar el vino, claro, y abstenerme del segundo café de la mañana y cronometrar los diez minutos de vitamina D al día, un arte solar.

Podría retomar terapia, volver a yoga, «practica, que todo llega», intentar por vez número mil aprender a meditar, quizás volver a alguna iglesia, colgarme del cuello piedras poderosas, encender una vela, construir un altar para las mujeres de mi vida, pedirles ayuda, guía, amor.

Pero no conozco la causa de lo que se detiene en mi interior, ni sé aún si persistirá, si me definirá para siempre o si alguna vez llegaré a tener entre mis brazos un cuerpo surgido del mío. Estoy en el punto medio, en un espacio desierto entre el tiempo de la pérdida y el tiempo de la búsqueda.

Unas semanas después de empezar las clases de cerámica me regalaron un libro que recopila los orígenes místicos del modelado de la arcilla. Es un texto lleno de indicaciones, preceptos y juicios. Es un texto escrito por un hombre. Su principal diatriba es contra la «arcilla esclavizada»: así llama al material que no se trabaja en el estado en el que se lo recoge en su medio natural —la montaña, una isla, el cauce de un río—, sino que es acondicionado para la venta. Quienes trabajan con esta «arcilla del sistema», dice el autor, nunca serán verdaderos ceramistas, no podrán amar ni unirse verdaderamente a la arcilla, sólo usarla.

Mientras tanto nosotras, cinco mujeres reunidas semana a semana, una maestra, cuatro alumnas, amasamos, cortamos, repujamos, alisamos, esgrafiamos, pintamos con los dedos o con pinceles, dejamos pequeñas huellas con instrumentos construidos por otros, para nuestra conversación, para nuestro goce, para nuestro modo de ser mujeres inclinadas hacia el gesto artesanal, hacia el uso doméstico —vasos, fuentes, vasijas, platitos de colores—, una intimidad compartida, de cara a grandes ventanales abiertos.

En cada clase Mishal sirve té. Lo prepara sobre una base de té de canela, a la que le agrega anís estrellado, clavo de olor, minirrosas secas y cardamomo. De algún modo, el agua caliente condensa todos esos sabores para crear otra cosa, decididamente nueva, que no soy capaz de describir más allá de su efecto inmediato: una paz envolvente, sin filos, subacuática.

Afuera, en la galería que da al jardín, hay una mesa de madera pintada de azul, unos bancos largos que parecen de escuela. Si hay sol, las piezas se pueden poner a secar directamente entre las plantas, en unas tablas situadas cerca del horno.

La cerámica es un ritual de simbología solar: se amasa inclinada sobre la arcilla, luego se fabrica la pieza con las propias manos, dotándola de sentido, mientras el material absorbe la luz del sol. Una vez seca, la pieza entra al fuego del horno, al pasaje muerte-nacimiento que es la cocción, de donde surge la cerámica terminada, con todos sus atributos, lista para la vida.

Bebo más que nunca. Creo que esta sed en aumento empezó con la primera pérdida. Pero persiste. Como es usual, la cerveza se afianzó cuando estuvimos en Madrid y para pasar el verano en Buenos Aires. A fin de enero viajamos a Cafayate, viñedos de altura, únicos en el mundo, los primeros guisos y platos de olla del otoño que no pueden hacerse sin destapar una botella de aquel blend que trajimos, otro para brindar porque cumplo años o sólo porque brindar es uno de los modos de inclinar el corazón hacia las cosas buenas, porque nos brindamos al brindar, con expresión de deseo o mejor no, brindar sólo por brindar, brindar sin cálculo ni expectativa.

Hago cuentas: quince meses de noches líquidas, inundadas, disolventes, disolutas, sumergidas. Las breves islas de los dos embarazos de siete semanas es lo único que quedó sin remojar. No sé si beber me alivia, no sé si me relaja, casi nunca llego a emborracharme. Creo que sencillamente me gusta.

A menudo me duele la cabeza, tomo algún analgésico, al día siguiente amanezco con la decisión de dejar de beber. Con la certeza de que el alcohol es una de las causas de las pérdidas, una de las formas de mi egoísmo, una de las formas de mi placer.

No sé si realmente fue así, pero en mi recuerdo cada una de las veces que me toca ir al laboratorio a hacerme estudios cae una llovizna tenue y gris, típica de Buenos Aires, que se pega a las cosas dándoles una apariencia de enfermedad. Es probable que ese haya sido el clima al menos de alguno de los días y que esa impresión se haya expandido hasta formar en mi cabeza una sola imagen, un único decorado con tono y temperatura igual para todos y cada uno del resto de los días.

En el trayecto desde mi casa hasta el laboratorio —la rampa de acceso demasiado empinada, las paredes pintadas de un amarillo tenue que esconde la suciedad— siempre me pregunto si me acordé de llevar paraguas. Tengo tres, los tres me los regalaron para mi último cumpleaños, fue una época especialmente lluviosa y eso, al parecer, inspiró en la gente cercana la necesidad de hacer un regalo con aplicación práctica, la peor clase de regalos. Quizás por eso siempre los olvido, y entonces ando en plena lluvia o bajo la llovizna lenta, protegiéndome la cabeza con la manga del abrigo.

La mayoría de las veces estoy poco tiempo en la recepción. Las embarazadas y las personas con deficiencias motoras tienen prioridad, pero no es mi caso, por lo que asumo que alguien, con mi historia clínica a la vista, en algún momento decidió que quienes perdimos embarazos también tenemos prioridad.

Esta mañana llegué al laboratorio más tarde de lo habitual, y la espera se hizo larga. Abro el correo de la librería desde mi teléfono, repaso las invitaciones que enviamos a los escritores para la próxima edición de nuestro festival. Aún faltan muchas respuestas, pero ya recibimos algunas confirmaciones. Después de unos minutos comienzo a prestar atención a las imágenes publicitarias que pasan en los monitores. Una pareja de ancianos con gran despliegue de vitalidad de pronto sufre pequeños desconciertos, olvidos, pierden las llaves de la casa, quedan en pausa frente a la heladera abierta, cosas así. La publicidad recomienda el chequeo neurológico periódico para detectar enfermedades de forma temprana.

Entonces pienso en mis propias pérdidas. Antes de los dos embarazos, perdí a mi mamá. Antes, a muchos hombres. Antes y después perdí amigos, amigas, la mayor parte de las veces por severidad, por no saber perdonar, por preferir la distancia al trabajo que requiere reconciliarse.

La temporada que pasé en Sicilia, mientras escribía una novela sobre mi mamá, escuchaba a diario una canción de Paolo Conte que tiene un ritmo de repiqueteo alegre pero cuenta una despedida. El verso que más me gustaba dice: *entra en este amor oscuro*. En italiano «oscuro» se dice *buio*, una palabra redonda, hermosa en su cerrada penumbra. En aquella época yo anhelaba una forma del amor cercana a la pasión, un amor con su buena porción de sombra, de noche, de oscuridad.

Ahora, desde mi silla de plástico en la sala de espera del laboratorio, mientras construyo mentalmente mi propio museo de pérdidas, pienso en L., en su modo de estar junto a mí, y recuerdo otros versos de la misma canción: *entra y toma un baño caliente, está lloviendo afuera, es un mundo frío, aquí hay para vos un albornoz azul*. Un amor que actúa como un albornoz azul, contra la lluvia y el frío del mundo. Así se siente el amor de L.

Tras la extracción, al irme desciendo la rampa con un esfuerzo desmedido, las fuerzas agujereadas por la pérdida de sangre. Los plátanos de la vereda tiran sus semillas espumosas, yo me subo el cuello del abrigo y vuelvo a la calle con la cabeza ligeramente embotada, los sonidos de la ciudad se acolchan contra la burbuja que rodea mi cuerpo. Una música desconocida, antigua y nueva a la vez, baja desde algún balcón. Me detengo en plena calle, sin saber si regresar o cruzar hacia el otro lado. ¿Es sólo la llovizna, las largas horas de ayuno, la aguja llevando el líquido bajo el microscopio?

Después de varias semanas de clases con Mishal comienzo a llevarme a casa platos, cuencos, unas tazas veteadas de negro, dos candelabros esgrafiados con surcos profundos. Pienso en comprar un gran exhibidor antiguo, pero pronto abandono la idea. Las piezas de cerámica van poblando los estantes de mi cocina, las mesitas del living, la encimera del baño.

Es extraño sentir, transformado, listo para la vida en el mundo, el peso, la forma, la textura de un elemento que moldeaste entre las manos. Hay algo propio que se imprime en la pieza, a la vez que hay algo que se entrega, que se pierde, que ya nunca volverá a pertenecernos.

La dinámica de las clases se repite invariable: entrar a la casa de Mishal, ir hacia la habitación donde descansan las piezas que dejamos secando, llevarlas hacia la mesa compartida, empezar a trabajar. De vez en cuando alguien pide la opinión del grupo sobre un motivo de flores o peces, sobre la herramienta o el pincel más adecuado para lograr un efecto particular.

De una en una, Mishal nos muestra el mejor modo de cortar una plancha de arcilla, el momento justo y la técnica para coser un asa a una taza, cómo usar los moldes, cuánto hay que sumergir las piezas en el esmalte para que no se forme una película demasiado gruesa. El resto del tiempo estamos en silencio, bebemos té, en ocasiones conversamos sobre películas o comida o sobre algún proyecto de trabajo.

Algunas eligen trabajar enfundadas en amplios delantales de telas rígidas, que protegen su ropa de los residuos grises que deja la arcilla. Otras llevan ropa vieja, descolorida, veteada de lavandina. Yo no formo parte de ninguno de los dos grupos. Suelo ir a la clase a la mañana, siempre antes de algún encuentro de trabajo, editores, libreros, las reuniones semanales que hacemos ahora de modo online con los equipos de cada una de las librerías, por lo que mi ropa habitual son vestidos o camisas. Tengo un delantal que compré especialmente para cerámica, pero la mayoría de las veces me lo olvido, y termino con el vestido salpicado de arcilla, el cuello de la camisa manchado con alguna pincelada de engobe.

Con el tiempo pensé que, de un modo inconsciente, cumplía con el mandato de la cerámica ritual: ensuciarse, hacerse uno con el elemento, volverse barro, no oponer resistencia a mezclarnos con el material, evitar fijar fronteras artificiales entre la arcilla y nuestros cuerpos.

A veces estoy en medio de una reunión y comienzo a mirarme las manos: mis uñas con restos de arcilla, la piel seca, virando al blanco, el efecto de la arcilla que busca y se adueña de todo indicio de humedad. Esos rastros me dan algo parecido a un refugio, una vida oculta, fuera de aquella sala, una conexión con el mundo y con la vida que el resto no conoce. Un mundo secreto, una vía de escape.

Me despierto muy temprano. En los breves segundos desde que abro los ojos hasta que percibo el espacio alrededor puedo estar en cualquier ciudad. Puedo estar en cualquiera de mis ciudades. Para comprobarlo, me llevo las manos a la cabeza. Si tengo el pelo seco y abierto en las puntas, sé que estoy en Buenos Aires. Si me cae pesado sobre los hombros y se enreda con mayor facilidad, el agua venenosa de Barcelona es la causa. Si, por el contrario, a pesar de la noche entre las sábanas aún sigue limpio y parece más denso y saludable, con unas suaves ondulaciones que se inclinan hacia donde sale el sol, sé que estoy bajo el efecto benéfico del aire de Madrid.

Pero es una mañana de sábado en Buenos Aires. Hace frío y aún está oscuro. Las cinco horas de diferencia con España suelen hacer que mi jornada de trabajo empiece de noche. Abro los mensajes en mi teléfono y encuentro los detalles de la organización de una caminata por el Raval: un recorrido por la ruta de Roberto Bolaño en los bares y rincones de nuestro barrio, donde vivió, las calles que le inspiraron cuentos, poemas y proclamas y que hasta hoy conservan la mística de aquellos días.

A través del chat pregunto qué música suena ahora. Cuando estoy lejos, me obsesiona saber qué se escucha en la librería. Una de las primeras cosas de las que me ocupé apenas abrimos fue de organizar listas de temas musicales. Están pensadas según el día e incluyen desde chacareras alegres hasta canciones de Jorge Drexler o de Julieta Venegas, pasando por rock argentino, bagualas profundas, huaynos, cumbias, bachatas dulces o tangos clásicos.

La música genera una huella de recuerdo inagotable. No se trata sólo de los acordes o la letra, es el espíritu claro u oscuro que se transmite desde la voz, el predominio de tono mayor o menor en una canción, lo que eso sugiere, es la textura del modo en el que está grabada. No es lo mismo acariciar con la palma de la mano la portada de un ejemplar de *Poeta chileno*, de Alejandro Zambra, con disonantes ritmos electrónicos de fondo, que mientras suena *El tesoro*, una canción de la banda Él Mató a un Policía Motorizado, que hace constelación perfecta con la novela: la circularidad de un afecto esquivo, esa oscuridad tenue, con inclinación a un medio punto de esperanza, la obstinación en la dulzura del mundo a pesar de la derrota o, precisamente, desde el vientre opaco de la derrota. En Lata Peinada la música es tan importante como los libros.

Para unir con la caminata hacia los detectives salvajes, ese universo encarnado por Roberto Bolaño en su vida y en su obra, sugiero: *Amor de mis amores*, de Agustín Lara; *La llorona*, de Chavela Vargas; *All Along the Watchtower*, de Jimi Hendrix; *Cadillac solitario*, de Loquillo; *Ella vendrá*, de Don Cornelio y la Zona, y *Paloma negra*, de Lola Beltrán.

Las pérdidas redujeron nuestra vida social a la intimidad de origen, durante meses sólo veíamos a mi hermana y a sus hijos. En los primeros encuentros, cuando L. y yo abrazábamos a mis sobrinos teníamos que hacer un gran esfuerzo para no llorar. Volvíamos a nuestra casa mirando la ruta, en silencio.

En muchos relatos de mujeres que perdieron embarazos o que atravesaron problemas de fertilidad aparece cierta incomodidad o incluso el rechazo frente a los niños. Temí que algo parecido descendiera sobre mi cuerpo. Pero no. El efecto duró algunas semanas y nunca fue rechazo, sino algo parecido a estar frente a algo muy brillante, que hace más profunda la experiencia de la sombra.

En ocasiones me imagino escribiendo como ahora, en mi pequeño estudio, con el sol entrando por la ventana que ilumina una porción de mis manos mientras se mueven sobre el teclado. Es la mitad del día y es un sol de invierno, tenue, que calienta sin quemar.

La imagen se completa con una cuna a mi lado, un bebé durmiendo o jugando sentado cerca de mí. En contra del cuarto propio, que tuve toda la vida, mi visión anhelada es la de un cuarto compartido.

Es una imagen de paz, y es una imagen edulcorada, que no contiene los otros momentos —el llanto que no cesa, las noches sin dormir, el desplazamiento de las más básicas necesidades propias, los muchos testimonios de escritoras que afirman que la maternidad reduce las posibilidades de escribir libros—, pero es la imagen que mi corazón me trae, la imagen en la que se realiza mi posibilidad de anudar esos dos mundos.

Cuando terminó *Las olas*, Virginia Woolf describió la embriaguez que se siente al escribir algo maravilloso y añadió: «Tener hijos no es nada comparado a esto». Pero Virginia Woolf no tuvo hijos.

Tuve el primer contacto con la cerámica artesanal en la infancia, a través de los viajes que hacíamos con mi familia. En el norte argentino, la producción cerámica de las culturas precolombinas fue muy importante. Por lo general las piezas se hacían con la técnica del rodete: amasar largos pedazos de arcilla en forma de chorizos y unirlos unos sobre otros para ir ganando altura en las piezas; o de pellizco: amasar una bola de arcilla con las manos y trabajar con el pulgar para ahuecarlo hasta lograr cuencos. Se usaban marlos de maíz, fragmentos de calabaza o astillas de caña para alisar, canto rodado o cueros mojados para pulir, plumas para esparcir la pintura y espinas o palitos punzantes para decorar las superficies.

En los mercados de artesanías o en puestos improvisados al costado de los caminos, mi mamá solía comprar reproducciones de esos antiguos elementos. Recuerdo los rostros pintados, caras chatas de ojos rasgados con asas por orejas, pequeñas figuritas de animales, vasos pintados de negro, esgrafiados en detalle hasta dejar surgir un jaguar, un pájaro o una serpiente.

Me gustaba la textura de esas piezas y el cuidado que ponía mi mamá al guardarlas, protegidas por varias capas de papel y alguna tela enrollada. Era algo hermoso y frágil, algo que había que cuidar especialmente. Mi padre, a su vez, tenía su gusto personal: compraba pesebres de cerámica. Una familia de collas reunidos en torno al nacimiento, un burro, dos perros, los musiqueros, un montoncito de paja, el bebé en el centro.

Pero era común que, al regresar a casa, las vasijas y los pesebres siguieran guardados, protegidos por sus capas de papel y sus cajitas, como si esa clase de belleza fuese apenas un destello, un espejismo, sólo posible en el paréntesis de vida mejor que suelen ser las vacaciones, pero que no podía extender su magia a la vida real.

En un diario que llevaba en la adolescencia —hojas color manteca, tapas de cuero rojo, formato de libreta ancha— escribí sobre uno de esos viajes en particular. Subíamos despacio una montaña, el camino era de una sola vía, por todos lados el verde húmedo de las yungas, cada tanto había que retroceder hasta un claro para dejar pasar a un auto o camión que venía en sentido opuesto, entre la pared de piedra y el precipicio. Abajo nos acompañaba, constante y espumoso, el río.

Al llegar al valle, el dique se abrió ancho frente a nosotros, contra la línea del horizonte las montañas parecían hechas de papel oscuro. Mientras buscábamos un lugar donde dormir pasamos frente a un gran parque bordado de piedras de distinto tamaño: caras talladas, patrones de puntos y líneas, apenas puntas afiladas levantándose hacia el cielo. Una nube descendía lenta desde la montaña.

Aún hoy me acompaña la imagen de los menhires antiguos perdiéndose en la bruma. Resistir, contra el cielo, a tres mil metros de altura, el desafío de la humanidad.

Una amiga me invita a tomar un café. Hoy siento que necesito salir y necesito café, así que acepto. Aunque el lugar que eligió no queda cerca, decido caminar. El aire está amarillo, las hojas de los fresnos se mecen suspendidas sobre mi cabeza, Buenos Aires se cubre de una película dorada. Cuando llego me doy cuenta de que se trata de uno de esos lugares nuevos llamados «de especialidad» en donde el café es demasiado ácido, pero ahora se supone que el café debe ser ácido, y entonces agregarle azúcar o edulcorante significa una afrenta al barista de turno o a la sagrada diosa del café.

Mi amiga nunca llega. Me manda un mensaje en el que dice que su hijo más chico ha caído en un estado febril. Una fiebre repentina que sólo ella puede atender y que me deja sola frente al café ácido que procedo a beber despacio. En previsión de una charla con mi amiga no tengo ningún libro conmigo, por lo que puedo hundirme en mi teléfono o escuchar las conversaciones de los que me rodean.

En la mesa más cercana una chica muy alta y joven está junto a un hombre bastante mayor que ella, unos diez años al menos, con certeza también más petiso que ella, que lleva una camisa de un azul estridente. Ella parece aburrida. Pasa un dedo por la superficie brillante de la cuchara que aún está sumergida en el café, mientras él cuenta detalles de unas vacaciones con amigos, algún lugar bañado por las aguas del mar Caribe, según entiendo, porque él nombra al destino «el Caribe», de modo genérico, como si Panamá o Colombia fuesen lo mismo que Cuba o Haití.

Habla de un deporte que practicó durante el viaje, algo entre el surf y el ala delta, cuando por la vereda pasa un perro ancho y muy chiquito seguido de una señora ancha y muy chiquita que lo lleva atado con una correa color salmón. Algo en la escena parece conectarla con un deseo postergado. La chica lo interrumpe bruscamente: siempre pensó que le vendría muy bien tener un perro enorme, un boyero de Berna y, de hecho, está convencida de que tiene que comprarse un boyero de Berna de modo urgente, apenas pueda ahorrar algo lo usará para encargarlo en algún criadero reconocido por la pureza —pedigrí, corrige él— de sus perros.

Por primera vez noto en los ojos de la chica algo parecido a una chispa. La sonrisa apunta hacia el techo, el rostro un poco de costado descansa sobre una de sus manos, mientras repasa en voz alta eventuales planes que hará, infundida de una confianza nueva, con su perro siguiéndole el paso. Entonces él afirma la rotunda inconveniencia de un perro de semejante tamaño, comenta el costo del alimento, el espacio cada vez más reducido de las propiedades en alquiler en una ciudad como la nuestra, la fama de medio tontos que tienen los animales de ese porte.

Ella bebe su café en silencio. Su mirada se va hacia la ventana. Hace girar la cuchara en la taza ahora vacía.

Pienso que alguien podría escribir un buen poema a partir de esta escena: ella en estado de juego, él de literalidad. Uno entre muchos desencuentros.

La tristeza deja astillas en las manos, agujeros en el jardín, raíces escasas y livianas que con el movimiento de las estaciones salen a la superficie.

Los exámenes terminaron, me siento fuerte como un pájaro, como si en cualquier momento, bruscamente, pudiera remontar vuelo y cantar con todo el caudal de mi voz. Pero cuando intento describir el recuerdo de un sueño —las paredes del consultorio en Madrid, la voz de mi mamá, que me decía hijita, el muro de hierro de un horizonte en el que la sangre sigue corriendo por mis piernas— comienzo a llorar sobre el teclado. Mis manos continúan el movimiento de río que empezó en mi interior.

Este mes es el primero que volvimos a coger sin cuidarnos. Es la primera vez que siento la decepción que llega con la sangre, una mutación de la relación que tuve con la menstruación durante la mitad de mi vida. Del dolor, la molestia, incluso el alivio cuando alguna vez demasiado joven o después de una relación casual tuve miedo de estar embarazada, a la frustración del deseo, la sangre como mala noticia.

Es abril y «abril es el mes más cruel». Así empieza *La tierra baldía*, un poema largo y maravilloso de T. S. Eliot. Eliot, hombre del hemisferio norte, le asigna esa crueldad a la primavera que llega en abril para mezclar la memoria, hundida en la tierra muerta, con el deseo que late en las flores recién abiertas.

Me encuentro con el fragmento de un cuadro en una cuenta dedicada a los museos italianos. La publicación muestra escenas recortadas de *La primavera* de Botticelli. En un detalle se ven unas flores pequeñas, rosas, casi pimpollos, surgiendo como en explosión desde un cúmulo de hojas verdes, numerosas, agrupadas unas sobre otras, de un modo que casi no deja ver los tallos. Tengo el impulso de escribirle a mi tatuador para preguntarle si él puede hacer ese diseño.

Después comienzo a investigar sobre la pintura: si miramos de forma amplia el cuadro desde la derecha, *La primavera* de Botticelli cuenta una historia: Céfiro, el viento de primavera que dobla los árboles, secuestra a Clotis. Clotis queda embarazada y en la siguiente figura renace transformada en Flora, una mujer con un vestido maravilloso que esparce flores por todos lados. Es un gesto de violencia, un impulso de la naturaleza en la que Botticelli parece ver la misma crueldad que Eliot. Una crueldad necesaria, de la que nace Flora, de la que nacen las lilas para dar vida a la tierra yerma.

La crueldad de la muerte es necesaria para la llegada de la primavera.

El primer turno disponible para tatuarme es el martes 13 de abril. Le respondo que con cualquier otro tatuaje no me importa, pero que para este necesito otra fecha. Pasadas las coordenadas de la superstición, estoy una vez más en el salón de tatuajes, un local sobre una calle empedrada, en el barrio de Palermo, lleno de láminas con dibujos de los símbolos clásicos del tatuaje *old school*: cerezas, golondrinas, corazones atravesados con dagas, rosas y sirenas.

Al llegar, me recibe el característico olor del desinfectante y el rumor de los motores que mueven las agujas. De nuevo mi piel se abre para contener la tinta. La escritura por otra vía. La máquina es nueva y perfora deslizándose muy gentil. Es el tatuaje que menos me dolió. Tres días más tarde la cicatriz comienza a formarse.

Hay dos modelos de mujer: el cuerpo de mujer impuro, nacido de la costilla curva y por eso desviado, fuente del pecado, apenas recipiente para la tentación del demonio, las mujeres sin hijos, hechas de pura sexualidad. En el lado opuesto, la madre: benéfica, sagrada, ancha y siempre en calma, como un árbol grande, pura —virgen, incluso—, nutricia. Yo había sido todo lo primero, no tenía ningún derecho a intentar esa conversión. Había logrado construir una vida distinta a la de mi madre, a la de la mayoría de las mujeres de mi familia, ¿y ahora también quería lo de ellas?

Un manifiesto para no demorarme en la tristeza: mi deseo de ser madre no me hace débil, no me hace sentir la falta, lo que no tengo.

Mi deseo de ser madre es un bien en sí mismo.

Quiero detenerme en la naturaleza y la sensación de mi deseo, quiero contemplar la distancia sin sentir que hay un agujero entre mi cuerpo y ese horizonte.

Quiero consagrar el deseo como el inicio, como algo gozoso, el deseo como un momento de fiesta. Y quiero desterrar la idea de que debe ser absoluto.

En *El arte de perderse*, Rebecca Solnit sostiene que aquello cuya naturaleza desconocemos por completo suele ser lo que necesitamos encontrar, y encontrarlo es cuestión de vagar, de perderse, de reconocer la función de lo imprevisto, admitir que en el mundo existen algunos misterios esenciales y, por lo tanto, lugares a los que no podemos llegar mediante los cálculos, los planes, el control.

Como escribir, el proceso de fecundación, el embarazo, un latido haciéndose lugar, el nacimiento de un hijo quizás también sea un arte de la errancia.

Un recuerdo de amor de mi mamá. Tengo pocos. Un recuerdo lejano. Yo tenía cinco años. Vivíamos en una casa con jardín en un barrio de casas con jardín. Era nuestra primera casa. El colegio al que íbamos mi hermana y yo quedaba a unas cuatro cuadras, pero aun así íbamos en auto.

A la salida, mi mamá nos traía unos sándwiches tostados, envueltos en servilletas de papel, recién hechos con una tostadora de hierro que les imprimía una característica forma triangular. Si me concentro, aún puedo sentir la humedad del pan entre las manos.

El contacto con el calor de mi mamá fue a través de la comida, un cariño esquivo, que no se podía retener aunque quisiéramos. En unas palabras que mi hermana le dedicó después de su muerte escribió que abrazarse «no era lo nuestro». De algún modo, debimos aprender la alquimia del calor efímero de la comida, capturar el humo de las cacerolas, hilarlo con el cuidado que requiere un hilo frágil en una rueca antigua, día tras día, para convertirlo en un tejido de amor que pudiera darnos abrigo.

Llevo dos semanas sin salir de mi habitación. Una gripe fuerte, algo más que una gripe, una enfermedad de los pulmones o de la sangre o del mundo. Afuera, presentir el viento frío hace que todos mis síntomas se agraven. L. me empuja a cruzar la puerta de casa y, contra mis expectativas, en la calle me siento mejor.

Los fines de semana las ciudades se convierten en lugares llenos de planes y actividades, una constelación de posibilidades en las que el costo de oportunidad puede llevar a la parálisis. L. me pregunta qué quiero hacer, dónde quiero ir, qué quiero comer. Busca ser amable, pero me resulta irritante. En este momento sólo puedo dejarme llevar, él debería saberlo.

¿Me casé con un hombre que no se da cuenta de que mi espíritu, antes polimorfo, ahora está apretado sobre la esperanza de que mi útero vuelva a formar paredes esponjosas y llenas de vida? L. no es así y yo no soy así. No es cierto. No siempre. Hay, aún, otras cosas que me alimentan, pero la enfermedad de estas semanas, volver a sentirme débil, la espalda aplastada contra las sábanas día y noche, me dejó una vez más frente a mi falla.

L. me propone caminar hasta una de mis librerías preferidas. Caminar siempre me hace bien, fijar el destino en una librería es el mejor modo de iniciar un paseo en la ciudad. Aunque no es cerca —nada es verdaderamente cerca en Buenos Aires— y mi salud aún se encuentra en una zona de cierta fragilidad, el plan me entusiasma.

Al franquear la puerta, en la mesa de novedades descubro una novela de Delphine de Vigan, una de las autoras de las que suelo leer todo apenas se publica. Aunque quiera, ya no me resulta tan fácil seguir peleando con mi suerte.

Nos quedamos en un restaurante en la misma terraza de la librería, protegidos por un cerramiento transparente del que cuelgan unas estufas eléctricas por encima de nuestras cabezas. Mi almuerzo es una ensalada de verduras asadas que acompaño con un jugo verde. Una desintoxicación de alguna clase. Más tarde, con el café empiezo a leer la novela y, de regreso en casa, la termino. El sol comienza a irse mientras enciendo velas en la sala. Me reconcilio.

Las gratitudes es una historia construida con lo mínimo: todo ocurre en una habitación, apenas tres personajes, sus charlas y sus recuerdos. Uno de los jóvenes narradores se llama Jérôme y trabaja como logopeda.

Al presentarse dice que la materia de su trabajo son las palabras y el silencio, el recuerdo de ciertos perfumes y ciertas imágenes, los sentimientos que surgen frente a un nombre, el dolor de ayer y de hoy. El texto enfoca lo que se pierde en la vejez, los placeres, ciertos movimientos, pero insiste en la importancia de agradecer los encuentros, el whisky y el trabajo, a quienes nos salvaron. Porque siempre hay alguien que nos salva.

La luz de la tarde, detrás de las ventanas, las piernas cansadas de caminar, en el amor el entendimiento, el entusiasmo de la lectura, esa clase de belleza, un modo de atenuar la fragilidad humana. Eso, mis gratitudes.

Cruzo la plaza para llegar al mercado de verduras que cada sábado se monta del otro lado. El frío aún se pronuncia en el césped mojado de la madrugada, pero a mitad de mañana el sol calienta lo suficiente como para empujarnos a salir. Es el fin del invierno.

Quiero cocinar. Es algo que con L. solemos hacer juntos, pero hoy él estará fuera todo el día y la comida será sólo para mí, para recuperar el espacio propio en la soledad y como forma de buscar la belleza: un risotto de hongos de pino, una de mis recetas preferidas, porque las cosas bellas son una alegría.

Al regresar a la casa dispongo todo sobre la mesada y comienzo a lavar los ingredientes. Decido poner música para que me acompañe en la tarea, pierdo algunos minutos mirando las listas de reproducción que tengo guardadas y entonces pienso en los recorridos que me trajeron hasta acá, en la banda sonora de esos momentos. Desde la adolescencia, mi educación musical se construyó a partir del encuentro con los hombres, niños-hombres en el inicio. Tuve un novio que me hacía escuchar Metallica. Tuve otro que me hacía escuchar Pearl Jam.

El procedimiento amoroso: quedarse con fragmentos, capturar piezas, cada cuerpo de cada hombre es una esponja de mar de la que arranca pequeños pedacitos para incorporarlos a su propio cuerpo. ¿Antropofagia? ¿Una evidente pulsión de conocimiento que no repara en servirse de objetos que respiran y acaso sueñan? ¿El simple y acuciante motor vital? Rastrear el origen de la biografía musical puede ser el equivalente a perseguir el amor en todo, la forma de un árbol, las fotos de la juventud del padre, hombres y sus múltiples remeras de rock. Pero de qué sirve enamorarse si no es para escuchar música nueva.

Ahora, focalizo: suena un tema de Ricardo Iorio. En sus letras se mezclan los héroes de todas las resistencias, el camino que va rumbeando el río, atraviesa los amplios llanos para llegar a ningún lugar, tangos y tehuelches, una búsqueda de alivio frente al tormento. Algo de todo eso me resulta íntimo y penoso como un hermano que sufre.

Me parece ver los años unos junto a otros, algunos de un material denso y pesado, otros que podrían suspenderse casi en el aire, la línea de la vida que dibuja una espiral, esa forma del amor, esa clase de amor, perdurable, para siempre, un pesado olor a eucaliptos, la época en la que las chicharras cantaban más fuerte y la tarde se ocultaba cuando las luciérnagas comenzaban a desprender su amarillo enfermo, papá con una carabina, los árboles cuando la luz se apaga, el golpe seco, las manos sobre las orejas que siempre llegan tarde para tapar el sonido, una perdiz o una liebre, un bicho cualquiera, la sangre humeante que deja de latir, aprender lo que puede ser un hombre: uno que mata.

La verdad y la razón abren los cielos, se amplifica en las ventanas de mi casa.

El arroz comienza a blanquearse contra el aceite que bulle.

Los días comienzan a hacerse más largos. En el jardín de Mishal la luz lo cubre todo, el verde se espesa, el sol trae más humedad y flores rojas, las plantas parecen girar hacia la galería, hacia la casa, hacia nosotras, nos muestran cómo fueron capaces de resistir, de conservar el hilo vital a través del invierno, de proteger sus fuerzas tras la cáscara seca de la muerte, para volver a nacer.

Con la primavera las clases pasan a la mesa azul de la galería, el té deja paso a una limonada con jengibre. Afuera estamos más cerca de la bacha en la que lavamos todos los instrumentos, los recipientes para el agua, las esponjas, los pinceles, que se llenan de restos de acuarelas, que se tiñen del gris roto de la arcilla descartada. Todo se va con el agua. Uno de los atributos de la arcilla: bajo la acción del fuego se convierte en algo duradero, bajo la acción del agua se pierde para siempre.

En la Antigüedad, las vasijas de cerámica se usaban tanto para conservar alimentos como a modo de urnas en ritos funerarios. Vaso, vasija, jarrón, cuenco, diversos modos de llamar a ese contenedor primigenio cuya aplicación es tan amplia como el arco alimento-muerte. El cuenco puede ser casa para diferentes líquidos esenciales: agua, aceite, vino. El cuenco es un depósito de vida. En el vaso alquímico es donde se producen las maravillas, la posibilidad de la transformación. Una de las formas de escritura más antigua, la cuneiforme, se inscribía en tablillas de arcilla. Es lo mínimo máximo, materia nueva hecha de restos, el elemento que distingue a nuestro planeta del resto del sistema solar.

En la galería, con las flores abriéndose a nuestro alrededor, el silencio interior empezó a romperse. Después de unos meses de estar juntas, cada semana, reunidas en torno al trabajo en la mesa común, comencé a hablar de las pérdidas.

Para mi sorpresa, ninguna me dio aliento ni me dijo «ya va a llegar», tampoco me preguntaron cuántos años tengo ni me recomendaron médicos infalibles. Tanto mis compañeras como Mishal se limitaron a escuchar. Lo sentí como la primera vez de haber encontrado lo que necesitaba: un espacio para nombrar, sin que mi dolor pase a ser comparado, analizado, medido, desenraizado para sumergirlo en el infinito mar de los qué debería haber hecho o qué debería hacer.

En uno de los muchos libros de maternidad que leí en este tiempo descubrí el origen de las tribus de embarazos y crianza. Un modelo que está en auge desde hace algunos años, sobre todo entre mujeres de clase media que viven en ciudades. El origen, en mi país, se remonta a las militancias políticas de los años setenta. Además de la pretensión de eliminar el viso capitalista de considerar a un hijo como propiedad privada de una mujer, las madres que militaban en agrupaciones políticas conocían el riesgo cierto de ser detenidas o asesinadas en cualquier momento, y entonces desarrollaron un modo de crianza colectiva: todas debían criar a los hijos de todas con el mismo amor que a sus hijos biológicos.

En su expresión actual, estas redes buscan aliviar la sensación de soledad que se repite en las crianzas de madres en las ciudades, muchas veces privadas de vínculos genealógicos cercanos —madres, abuelas— o que, por los índices menguantes de natalidad, no encuentran un lenguaje común entre sus amigas.

La lectura es anterior a la escritura. Pero, en mi caso, a menudo descubro que mi escritura no es retrospectiva sino performática: produce efectos en el futuro. Por eso estoy inclinada a escribir un ensayo que se llame *A favor de los hijos*. Me gustaría escribir sobre la posibilidad y el ejercicio de una maternidad feminista.

Las generaciones actuales de mujeres aprendemos muy pronto lo necesario para evitar ser madres y a reivindicar nuestro derecho a no serlo aun ante el Estado, pero, por el contrario, se nos ha despojado de herramientas y de los conocimientos necesarios para, primero, reconocer el deseo de ser madre, y luego, hacerle espacio en una vida feminista.

En algunos discursos que circulan entre los feminismos se infantiliza tanto el deseo como la decisión de las mujeres de ser madres. Se explica la maternidad sólo a partir de «haber sucumbido» al mandato de reproducción, se las acusa del pecado de sumisión, adjudicándoles a las mujeres-madre no poder confesar arrepentimiento. Se reduce la maternidad a una cuenta negativa frente a la productividad necesaria en una mujer trabajadora en edad fértil, sin preguntarse por otros costados de la experiencia. Pero ¿qué parte de la vida —de lo trascendente de la vida, al menos— está desprovista de sacrificio, dolor, esfuerzo? ¿Por qué la maternidad, para ser elegida, debería ser una experiencia sin mancha?

En mi caso, estuve durante muchos años sumida en el discurso de la independencia, asimilada a la realización como una mujer-sin-hijos. Casi me pierdo en la opacidad de un deseo que no podía reconocer, por haberme convencido de que la vida que llevaba, a contrapelo de la generación de mi madre, me hacía una clase mejor de mujer: una mujer con profesión, una mujer con dinero, una mujer con su escritura, una mujer-sin-hijos.

Los feminismos han logrado que las mujeres podamos escapar del ancla biológica, decidir no ser madres, separar el apetito de mujer de sus posibles consecuencias. Pero hoy se amplifican los mensajes de advertencia sobre la maternidad como carga desigual que pesa sobre las mujeres, el trabajo no remunerado que suponen los cuidados que siempre recaen sobre nosotras, el recorte de autonomía, la carrera trunca. Debajo de esa superficie podría leerse: para ser madre hay que tener dinero. Dinero para comprar cuidados, dinero para no tener que trabajar y así comprar tiempo con nuestro hijo, dinero para una buena lactancia que pague puericultora, círculos de crianza, dinero para poder comprar las verduras orgánicas que debemos dar de comer a nuestros hijos si no queremos envenenarlos desde pequeños.

Por el contrario, poner el ejercicio de la maternidad en el centro del mensaje es un modo de ampliar la libertad de las mujeres. Una tarea que está en la base de la reproducción social requiere del Estado toda la atención para garantizarla. En igualdad de condiciones con los padres, repartiéndonos las tareas, extendiendo los tiempos de baja laborales. Debemos luchar para evitar que la maternidad se convierta en un privilegio.

Hasta aquella mañana de primavera en la casa de Mishal, sentía que mi deseo de maternidad era algo privado, individual, que debía resguardar del mundo como una semilla en el corazón del sueño. Después de haber nombrado mis embarazos, las pérdidas, el latido anhelado, el latido apagado, mientras todas teníamos las manos dispuestas como instrumentos para nuestro fruto, sentí el punto de un zurcido común, la iluminación del lugar preciso en que mi vida se tocaba con otras vidas, la revelación de una verdad profunda: que toda la experiencia de individualidad es secundaria y que, debajo de ella, más allá, hay otro nivel, más hondo, que es el de la unidad.

Anoche vimos una película. En castellano el título es *Pienso en el final*, pero la versión original es *I'm thinking of ending things*, por lo que una traducción más fiel sería «Estoy pensando en terminar las cosas», lo que puede referirse tanto a terminar una relación como al suicidio. El guionista y director es Charlie Kaufman. Sólo eso explica que haya podido reunir financiamiento para esta película fragmentaria, delirante, extrañísima, con un elenco fantástico.

Los protagonistas son una pareja que viaja por la ruta rumbo a la casa de los padres de él. No hay historia. No hay trama ni hilo conductor. Van cambiando de nombre, de edad, de profesión, a medida que avanza la película. En medio de una escena se insertan de pronto imágenes de otro personaje del que no sabemos nada, un empleado de limpieza casi anciano de un colegio secundario. Los pensamientos de los protagonistas, expuestos en una voz en off casi omnipresente, sus recuerdos, su imaginación y sus deseos, tienen el mismo estatus que los hechos de la realidad, o más: son la realidad.

Pensé en una novela de Alan Pauls que se llama *La mitad fantasma*, que presentamos en Lata Peinada, de modo online, con Alan conectado desde Berlín. Es una historia de amor o de enamoramiento: un hombre de cincuenta años conoce a una chica de treinta, luego ella se va y mantienen una relación por Skype, ese anacronismo. La historia es distinta pero en definitiva es el mismo sistema que el de la película, y el sistema es lo único que importa: el mundo interior de los personajes es lo que se enfoca, es lo que mueve la acción hacia adelante. La trama de la ficción, del mundo, está hecha de sentimientos, de símbolos, de puro lenguaje.

A veces me pregunto si la vida dedicada a la escritura nos lleva a cierta clase de extravío, sumergidos en esa interioridad, ciegos a todo impulso físico, enroscados sobre nosotros mismos contra el árbol de las palabras. Desde hace tiempo siento que necesito más el cuerpo, estoy decidida a salir a correr, nadar, gastar energía, cansarme, poner los músculos en funcionamiento, la respiración en movimiento. Otras veces pienso que todo afuera es dolor o la espectacularización de ese dolor, y entonces en ese mundo interior al menos puedo construir una posibilidad de sentido. En cualquiera de los dos momentos me estoy reprochando algo: no leer más, no escribir más, mudarme a un lugar realmente fuera del tiempo de la productividad, o por el contrario, no hacer más en el mundo, tratar de torcer la injusticia de algún modo.

Cuando escribo sobre las pérdidas y sobre la posibilidad incierta de un nuevo embarazo pienso en el trabajo de exploración. No es el de la medicina, pero de algún modo es también poner lo propio bajo un cristal amplificador. En la escritura nunca se trata de la historia que queremos contar, a veces lo importante son las palabras pero no las palabras en sí mismas, sino lo que revela la elección de ciertas palabras por sobre otras. Se trata de una clase de verdad, una verdad interior, propia, pero que puesta en el mundo a través de la escritura se puede volver espejo para otros.

Me asoma un temor nuevo: ¿no estaré convirtiendo una experiencia del cuerpo en algo del pensamiento? ¿No será esa, precisamente, mi falla, el filo que lo impide todo?

De pronto, después de varias horas sentada frente a la computadora, un dolor agudo en la base de la cadera resulta un salvavidas. Cierro los ojos, observo mi cuerpo. Las pupilas cansadas, el tendón de la mano derecha que sufre. Se escribe, también, con el cuerpo. Se escribe con las lecturas pero también con todos los trabajos que tuvimos, con los viajes desdichados o maravillosos, con el desamor y el desengaño y la enfermedad, con la muerte de la madre, con la sombra del padre, con el dolor de las pérdidas y con la sangre de las pérdidas. Escribir no es una actividad intelectual.

Pensé que estaba embarazada.

Me hice un test que dio negativo, pero aun así notaba los síntomas del embarazo, haber perdido dos embarazos significa que también tuve dos embarazos; mi cuerpo tiene la experiencia de los primeros síntomas y eso era, precisamente, lo que sentía.

El día que me iba a hacer el segundo test, unas manchas oscuras me evitaron el gasto innecesario.

Me masturbé dos veces, casi sin pausa. No sé si fue un modo de celebrar, la necesidad de recuperar mi cuerpo de mujer que, al menos por ahora, no será madre, o una forma de castigo, pasar el dedo una y otra vez por el sitio exacto que aún conservo únicamente para mi placer y no como canal.

Estoy en el borde de lo que quería evitar: convertir mi cuerpo en objeto de mi propia indagación, investigar sobre los ciclos de fertilidad, cómo calcular la ovulación, los días más propicios para un embarazo. Leo que las mujeres somos más atractivas en esos días, con mejor proporción cintura-cadera y el rostro más simétrico. También que un estudio de la Universidad de Albuquerque determinó que las bailarinas *strippers* de un club recibían casi el doble de propina cuando estaban ovulando. Pero no hay precisión ni exactitud. La posibilidad de control se diluye. El misterio persiste.

Todo se parece a los antiguos ritos.

La palabra es lo único que nos otorga la memoria del vacío, como la música puede ser la memoria del silencio.

Cuando los griegos quisieron nombrar al hombre lo llamaron *zoon lógon échon*, que no significa «animal racional», sino «animal provisto de la palabra». Habitamos en una cultura que perpetuamente deja señales y las sigue. Cuando nos encontramos con la evidencia de nuestra vulnerabilidad, el dolor, la enfermedad, la muerte, es habitual que nos inclinemos hacia otros lenguajes, las oraciones, las promesas, las peregrinaciones; que surja en nosotros un fondo místico o de conexión espiritual, la búsqueda de caminos o prácticas que ya no son habituales en nuestro mundo cotidiano.

La experiencia del límite puede explicarlo, pero es también el regreso de algo muy antiguo, como los rituales para la fertilidad.

Saltar siete olas en la Noche de San Juan. Encender siete velas blancas. Beber agua de tres fuentes, recogida entre las doce de la noche y las seis de la mañana. Arar la tierra el día después de contraer matrimonio. Abrazar una piedra movediza. Llevar en el cuello un pedazo de tela manchada con sangre de toro. Una estampita de san Ramón Nonato. Arrojar piedras a un pozo. Adentrarse en una cueva, buscar agua de estalactitas. Bailar en torno a un menhir. Sembrar arroz con el pelo suelto. Bailar borracha mirando el cielo. Recoger la flor de plumería. Recibir latigazos con ramas de sauce. Encender nueve velas rojas. Saltar la hoguera en la Noche de San Juan. Enterrar un mono vivo. Beber orina de mono. Sentarse en la silla milagrosa de santa María Francisca de las Cinco Llagas de Jesús, en Nápoles. Beber té de mandrágora. Dar nueve vueltas a una capilla en el sentido contrario a las agujas del reloj. Coger llevando un collar de perlas en el cuello. Ir a la tumba de Amelia Goyri, la Milagrosa, protectora de las madres, en el cementerio de La Habana. Poner flores en un cuenco con agua. Arrojar la ropa interior al techo en noche de luna llena.

Voy al cementerio. Es algo que hago una o dos veces al año, no más. Compro flores en un puesto en la puerta de entrada al gran jardín que es el lugar en el que decidimos enterrar a mi mamá. Lirios blancos, los mismos que ella compraba para adornar el jarrón de la entrada a la casa familiar.

Busco agua en una fuente cercana, me siento frente a la piedra pulida que es ahora el recibidor de su casa y acomodo las flores en el jarrón semioculto bajo la tierra. Hablo con ella. Le cuento que perdí dos embarazos. Me detengo, voy para atrás: le cuento que quiero ser mamá. Una nena muy rubia, como me dijiste vos, o un nene muy rubio, quizás. Un bebé, un hijo, un cuerpo que crezca desde mi sangre, un amor que venga del amor.

Ella escucha, por primera vez.

Las calandrias van y vienen cruzando el cielo que nos rodea.

Pienso en su colección de manteles de algodón bordado, en la vajilla de porcelana que le regalaron para su casamiento, en la cubertería de plata, en sus modos de hacer una casa, en lo torcido de esa casa, todo aún guardado en los muebles del comedor, sin que mi hermana ni yo nos animemos a hacernos cargo de ese legado.

La última Navidad que pasé con amigos estuve profundamente triste. Aún no había conocido a L. Comimos y bebimos y luego algunos salieron a celebrar. Cuando, al día siguiente, pensé en las razones de mi pena, me di cuenta de que habíamos cenado sin mantel, los platos directamente apoyados sobre la mesa, las fuentes calientes apenas sobre alguna servilleta de papel. Una Navidad sin manteles en la mesa es un recuerdo de cierta tristeza.

Decido que voy a ir a la casa de mi padre directo desde el cementerio a buscar los manteles, la mitad que me correspondía, al menos. No voy a preparar la carne con salsa de puerros ni la ensalada de zanahoria que hacía mi mamá cada año, pero los manteles son una base, un mínimo esencial, la primera tela que nos arropa, un modo de reconocer la raíz y reconciliarnos con el origen para evitar el trabajo titánico que supone construir desde cero. Sobre los muertos, en compañía de los muertos, la vida mientras nos toca estar aquí.

El esgrafiado es la técnica que más me gusta para decorar una pieza. Por lo general se hace sobre la arcilla cruda y sin pintar. Hay herramientas diseñadas para lograr distintos trazos y efectos, para hacer agujeros o medialunas, para sacar más o menos materia cada vez que el instrumento toca la pieza, para imprimir en la superficie suaves ondulaciones o líneas que se convertirán en filos.

Hago pequeños puntos, uno al lado del otro, sin plan previo ni precisión. Se trata de marcar el material, imprimir la fuerza necesaria para dejar una huella sin llegar a lastimar. La piel se corta, las manos se cansan. Es otra forma de escritura.

Trabajo sobre un cuenco grande, de cuello ancho, que quiero convertir en maceta. La imagino ya lista, con un esmalte metálico, y en su interior un agave carnoso que empieza a crecer hacia lo alto, echando brillos en el patio de mi casa. Es la primera vez que hago una pieza tan pesada y de pronto una de las paredes se derrumba hacia adentro. Cierro los ojos. Dejo caer la herramienta. Me recrimino la ambición.

Mishal me explica que hay que equilibrar la cantidad de material en las paredes. Está de pie junto a mí, tiene un vestido violeta de una tela liviana, un collar de muchos dijes de colores refleja toda la luz sobre su pecho. Toma una espátula de metal, una mano dentro del cuenco, en la base, para afirmarse, mientras con la otra trabaja para retirar material de la pared hundida. Con la mano aún dentro del cuenco comienza a levantar la pared, como si se tratara de recomponer un músculo exhausto.

Toda iniciación requiere llegar al verdadero corazón del oficio. Toda iniciación requiere de un maestro.

Lo que aprendo debería ser algo nuevo, pero es algo antiguo: como en la escritura, en la cerámica hay posibilidad de corregir, de volver atrás, de modificar el camino, de cambiar el tercio. En las primeras etapas del trabajo, mientras la pieza aún está cruda, tenemos posibilidad de rehacer sus curvas, su tamaño, su esgrafiado, sus colores. El horno es lo que da la forma definitiva.

A la vez, para llegar a ese final, el calor primero lleva a la pieza a un momento de casi disolución. Las altas temperaturas convierten la materia en un líquido viscoso, al borde de volcarse hacia la indeterminación, hacia la pérdida. La llama es una parte del cuerpo del

Sol. Para que la materia adquiera su figura final, la temperatura debe llegar a su pico necesario y debe ser constante: una determinación, el compromiso con lo que ya no podrá deshacerse.

La casa, dice Marguerite Duras, es para retener a los hombres y a los niños, para contener sus desvaríos, distraerlos de ese espíritu de locura y de aventuras que los caracteriza desde el inicio de los tiempos. Para eso, las mujeres nos rodeamos de plantas y comenzamos a cocinar con ingredientes orgánicos y recordamos cumpleaños y celebraciones e invitamos a los padres y a los tíos y a los amigos a compartir la mesa, a celebrar rituales, buscamos algo que los ate a este centro. Nosotras, las mujeres, perpetuamente lanzadas a la conquista de la permanencia.

En mi vida de antes —cuando cuestionaba la maternidad porque la veía sólo como mandato, cuando me sentía cerca de aquellas que sencillamente no quieren tener hijos, o incluso de aquellas que están contra los hijos— viajaba todo el tiempo, necesitaba moverme, cambiar de escenario, estaba en constante desplazamiento. La casa no era una preocupación para mí. El espíritu de locura y aventuras me poseía.

Pienso en una serie llamada *White lotus*, en la que un personaje —mujer, madre y esposa, a quien no se le conoce oficio ni vocación más que gastar el dinero que gana su marido— dice que siente lástima por los hombres, porque son como los elefantes macho: mientras las mujeres y los niños están retozando muy tranquilos en el agua, disfrutando del juego y de su mutua compañía, ellos se sienten obligados a seguir dando vueltas en la selva, girando sobre su eje, dando bufidos para espantar a los improbables predadores.

Pero también hay mujeres que giran sin pausa sobre su eje y no pueden nunca descansar ni disfrutar del juego. Hay mujeres para quienes asumir el feminismo y la independencia implica que la inteligencia traiga un filo, que se convierta en un cuchillo, esto de un lado, esto del otro, el corte en el medio, enterrar ciertas imágenes de lo femenino, rechazar las canciones tontas, las onomatopeyas, el juego, la sensibilidad. El amor, incluso. Yo lo sabía bien, había sido una de ellas.

Ahora, cuando pienso en una casa, busco canciones de tono alegre, tintineos leves, adjetivos claros: quiero una casa hermosa, llena de luz, de plantas carnosas, y que por las noches, sobre el techo, siempre siempre salga la luna.

Una nueva ronda de exámenes.

Pasados tres meses de la última pérdida, mi médica me envía una lista de nuevos procedimientos.

Entonces, un resultado, un indicador, un rastro que seguir, una hebra de la que tirar. Anticoagulante lúpico positivo.

Antes de enviarle por correo los resultados a mi médica, de pedir cita para evaluarlos con ella, me pierdo durante horas en mi propia indagación con la herramienta mía, la lengua.

La raíz *lupus* significa «lobo» en latín. La enfermedad conocida con este nombre se debe a la aparición en el rostro de muchos pacientes de manchas y erupciones similares a las que tienen algunos lobos en la cara.

Pero mi deficiencia está fijada en alguna cualidad de la sangre: anticoagulante lúpico. Los lobos suelen ser símbolo materno, tanto de crianza como de destrucción; una loba es la madre de Roma, la aparición de un lobo previo a la batalla se consideraba de buena estrella para la victoria. En todas las culturas europeas antiguas, el lobo es venerado o temido.

Cuando tenía catorce años, una primera terapeuta a la que consulté me había dado a leer un libro que se llama *El lobo estepario*, considerado dentro de ese grupo de novelas a erradicar —salvo escasas excepciones— denominadas «de iniciación» y que actúan en los jóvenes que recurren a ellas en busca de una brújula fijando para siempre traumas y estereotipos de dolor. A la señora, a quien yo había acudido buscando ayuda, no se le ocurrió mejor cosa que afirmar que yo, una niña insegura y triste de catorce años, le hacía acordar al detestable protagonista de ese libro. Esa identificación me acompañó durante años. Las formas de violencia entre las mujeres.

Ahora, tras las pérdidas, el diagnóstico fue un mal funcionamiento de la capacidad coagulante, por déficit o por exceso. Una capacidad de madre mal calibrada, que aprieta demasiado o que deja en soledad.

Con el tiempo el nombre específico de mi defecto se convirtió en trombofilia. Supe que una aguja hundida contra el vientre, en una aplicación diaria de un líquido sostén y salvador, cambia las expectativas de un embarazo a término casi en un noventa por ciento de los casos.

La medicina me daba al fin un camino, una promesa para mi ilusión.

Durante siglos la cerámica tuvo el sello del legado de los dioses, unida como estaba a los cultos solares por la acción del fuego. Los aprendices de alfareros debían someterse a un ritual de iniciación en el que se revelaba el conocimiento del oficio: un baño de barro en una pileta de decantación de arcilla donde el principiante se sumergía en barbotina espesa.

La cerámica tiene el poder de la transformación y la representación. En el inicio estas prácticas estaban reservadas para los sacerdotes, no existía cerámica instrumental, sino que estaba dedicada por completo a la confección de objetos y de imágenes que buscaban transmutar lo divino en algo tangible. Un aprendiz considera tan seriamente el oficio como camino y elemento que decide sumergirse en él, en toda su profundidad.

En el jardín de Mishal, el sol nos obliga a apretarnos en la mesa de la galería. En los últimos meses acumulé cuencos, vasos, fuentes ovaladas, ensaladeras decoradas con flores, macetas esmaltadas de colores brillantes, unos peces extraños que colgué en la pared del patio, semiocultos entre las enredaderas.

Estoy sentada frente a una bola compacta de arcilla que hice con la técnica del pellizco. La miro, la vuelvo a tomar entre las manos, la redondeo con la yema de los dedos, le doy forma con pequeños golpes. Hace rato que está lista para trabajar, pero no soy capaz de definir cuál es su destino. Es demasiado grande para hacer una taza. Es demasiado material para un candelabro.

Mishal viene hacia mí mientras mira y comenta el trabajo de mis compañeras, que alisan los bordes de fuentes o pintan un plato con engobe. Se detiene junto a mi silla y pregunta, de un modo simple y directo, qué quiero hacer.

Entonces lo sé.

Una diosa.

Busco en mi teléfono la imagen de la diosa de Laussel.

Mishal me sugiere aplanar la arcilla hasta lograr un rectángulo en el que pueda trabajar con un punzón.

Repaso con la mirada el vientre y los pechos hinchados, observo las caderas amplias, la curva de los senos, el cuerno de bisonte como una luna creciente, la cabeza inclinada. La venus original fue tallada en piedra caliza y formaba parte de un altar más amplio, con otras figuras, dedicado a la fertilidad femenina. Me pregunto cuántos días le habrá llevado al artesano o la artesana original lograr la pieza. Si salió y entró en la cueva durante esos días, qué clase de herramienta habrá usado, si comía y dormía junto a su obra en proceso, cuántas noches habrá escuchado a la lluvia golpear con violencia afuera de la cueva.

En mi caso, sé que el proceso me tomará varias semanas y que deberé dejar a mi venus descansar entre clase y clase, la extrañaré durante días, la soñaré por las noches, y luego volveré a su encuentro, para seguir forjándola desde la arcilla.

El uso del punzón se asemeja a cavar la tierra alrededor de una joya enterrada. Extraigo material, lo amontono a un costado, para que vaya surgiendo del corazón de la pieza el cuerpo de mi diosa. Lo más difícil es generar esa profundidad que tiene la venus original, evitar que parezca una imagen sin vida, en dos dimensiones. Es un trabajo que haré, con paciencia, en cada trazo, durante semanas.

En la tercera clase la diosa ya tiene su forma definitiva. No olvido las trece muescas sobre el cuerno, que representan los trece meses del calendario lunar, ni la mano tocando el vientre. Con una esponja redondeo las caderas, el hombro, la parte de la cabeza que parece llevar un pañuelo. Ahora sólo queda trabajar el fondo, la superficie en la que se apoya mi diosa, para darle apariencia de piedra.

Con dos dedos a modo de pinza tomo pequeños pedazos de barbotina húmeda. Los apoyo contra la pared de mi diosa, dispongo los fragmentos con cuidado para que no se junten.

Debo esperar dos semanas más para asegurarme de que la arcilla está lo suficientemente seca. Cuando una pieza gruesa queda húmeda puede romperse en contacto con el calor, y eso no sólo supone perderla, sino poner en riesgo el resto de piezas de la hornada.

Pero después del primer ingreso en el horno mi diosa está entera. Mishal me dice que soy afortunada y por primera vez en mucho tiempo siento que eso es cierto. Sólo queda un último paso, elegir el esmalte —algo no muy brillante, algo no demasiado opaco— y volver a llevarla al horno. Será distinta a la diosa original, será mi diosa. Elijo un esmalte cobrizo, que le dará una apariencia más terrosa que de piedra.

Con una pinza larga sumerjo la pieza en el esmalte, mientras hago girar el líquido dentro del cuenco para que toda la superficie quede cubierta. Cumplo la regla de contar hasta seis o hasta tres misisipis para que el esmalte se adhiera lo suficiente pero no de más, y retiro a mi diosa de su baño.

A los dos días recibo en mi teléfono una foto de mi diosa con su color definitivo. De fondo, el jardín, más verde que nunca. Es hermosa. Incapaz de esperar a la clase, le pregunto a Mishal si puedo pasar a buscarla.

Desde entonces ocupa un lugar sobre la salamandra de la casa, el horno, el corazón del hogar. Cuando la enciendo, debo cambiarla de sitio, ubicarla sobre algún estante en la biblioteca, para protegerla del calor que podría quebrarla. Pero siento que su lugar natural es en el centro de la casa, en la sala o en la cocina.

Mi talismán, mi amuleto, mi diosa.

Nos sumergimos. El agua pesa sobre nuestros cuerpos, no es un curso en movimiento sino algo parecido a una fuente, una pileta, un tanque australiano. Juego de hermanas. Tierra en suspensión, ramas que nos tocan las piernas, reflejos de piedras misteriosas que proyectan su oscuridad desde el fondo. El calor de enero. Los pulmones hinchados, para aguantar. Uno, dos, quince, treinta, basta. Es poco. Poca cosa nuestra respiración. Poco oxígeno. Necesitamos salir, emerger, volver al aire a buscar más aire. El horizonte alambrado, el campo seco. No hay lobos en el campo de la infancia. Hay nutrias, liebres, tatúes, peludos, mulitas, caparazón, caparazón, caparazón. Soy experta en volver al caparazón.

Cuando me despierto llamo a mi hermana por teléfono. Dos tonos, tres tonos. Corto. Asumo que está ocupada con algún paciente. Aún no le conté lo de la trombofilia. No sé si es una buena noticia —el diagnóstico, un tratamiento— o si el descubrimiento de una explicación biológica, una causa explicable bajo los parámetros de la medicina, la deja del lado vencedor: un triunfo de lo observable, lo medible, lo tangible, el cuerpo como engranaje sobre el que se debe intervenir.

Le mando una foto de la planilla del laboratorio donde se informa el resultado positivo para inhibidor lúpico.

Media hora después recibo la respuesta: el contacto de una ginecóloga especialista en trombofilia. Ya habló con ella, espera mi llamada. Los gestos del amor en mi hermana.

Dejo el teléfono y me estiro sobre la cama. Tengo las piernas y los brazos y los músculos de la espalda entumecidos, como si hubiese hecho un esfuerzo físico muy desafiante, como si hubiese nadado durante horas. Decido salir a comer afuera.

Voy hasta la avenida más cercana. Empieza la época de floración de los jacarandás y camino bajo su influjo, un techo de reflejos violetas sobre mi cabeza. Veinte minutos más tarde llego al restaurante junto al museo, un edificio orgulloso y moderno, recostado sobre la avenida, en el límite entre un barrio de emergencia que crece contra las vías del tren y las casas más caras de la ciudad. Un museo de arte latinoamericano.

Es temprano para almorzar y, contrario a lo esperable, la caminata postergó mi apetito. Compro la entrada y en el enorme hall subo las escaleras mecánicas que me dejan en el piso donde empieza la exposición temporaria.

La muestra está dedicada a la obra de Yente y Del Prete, dos artistas argentinos, y enfoca, sobre todo, su vínculo de amor, el modo en que sus obras se alimentan entre sí, la sangre que fluye venturosa y benéfica entre los amantes, y da vida a sus creaciones.

Como pareja compartieron más de cincuenta años. Resulta normal que, como artistas que comparten la vida, también intercambiasen ideas sobre el arte, aunque nunca expusieron juntos. Sus trabajos pasaron por diversos estilos y los elementos que elegían eran tanto propios del arte como materiales de descarte. Esta muestra reúne sus obras por primera vez, una reunión que ocurre después de la muerte de ambos.

La exposición lleva por nombre *Vida venturosa* y el núcleo principal es el uso compartido de recursos en sus trabajos. Uno de los más importantes es el piolín, que se repite en distintas obras de cada uno y que muchos asocian con una forma de anudado de la pareja, dotándolo de un efecto que reemplaza la acción de los hijos, que no tuvieron.

El piolín que se extiende entre dos amantes puede ser también un borde punzante, que une y que separa. Evoca el límite del amor y del deseo, la inclinación a construir o recorrer la vida con otro, el riesgo frente al peligro de la cercanía, la latencia del zurcido o el desgarro.

Desde Madrid me llega un pedido de uno de nuestros clientes. Una lista, una búsqueda, un modo de asignarle sentido al tiempo. Juanjo es coleccionista de primeras ediciones, compra todas las novedades de los escritores contemporáneos, sobre todo las ediciones latinoamericanas que importamos especialmente, y siempre está a la caza de libros difíciles de encontrar.

Llegó a nuestra tienda de Chueca apenas abrimos, movido por una entrevista en la que había leído una descripción de una parte específica de nuestros anaqueles, las «joyitas»: libros que prueban que la relación que tenemos con el libro como objeto es un vínculo emocional —el recuerdo de las cubiertas de la infancia, la textura de ciertos tipos de papel— y, sobre todas las cosas, indestructible.

Podría decirse que Juanjo entra dentro de la definición de bibliófilo, aquellos que profesan un amor exagerado —como dice el escritor Jorge Comensal en el ensayo *Yonquis de las letras*— por el libro y sus circunstancias, el año de edición, la tapa de la primera tirada, las variaciones en las siguientes, el tipo de encuadernación, la presencia o no de una solapa. El amor exagerado, resalta Comensal, pero ¿exagerado en relación con qué? ¿Cuál es una medida correcta, sana, normal del amor por los libros?

Esta vez Juanjo busca una primera edición de *Hasta que pase un huracán*, de Margarita García Robayo, publicado en 2012 por una ya desaparecida editorial de Buenos Aires que se llamaba Tamarisco. Además, quiere dos plaquetas de César Aira, editadas en pequeños cuadernillos: *El infinito* y *El hornero*. La lista la cierra *La invasión*, el primer libro de Ricardo Piglia, editado en Buenos Aires en cubierta amarilla con tipografía característica de la época por la editorial comandada por Jorge Álvarez, de nombre homónimo.

Empiezo a trazar los caminos para llegar a cada uno de los ejemplares. Conozco a algunos de los fundadores de Tamarisco. Pruebo, pero no tengo suerte: ninguno de ellos conserva ejemplares. Sigo con el de Piglia. Voy a una librería de usados en la calle Corrientes. Piglia era cliente y en algún momento encontré ahí algunas primeras ediciones de sus libros firmados. Pregunto a uno de los libreros, que me señala una vitrina. Desde lejos distingo la profundidad de las letras azules de *La invasión*. Pero, como me temía, es un ejemplar firmado, y está lejos del precio de referencia que Juanjo está dispuesto a pagar.

En esta situación sólo me queda un camino: recurrir a Germán. Lleva una pequeña librería en Buenos Aires, que es sólo él, y que a veces está online en redes sociales y a veces no, dependiendo del tiempo y las ganas que tenga de vender los libros que, según pude constatar con los años, apila en diversos sectores de la casa que comparte con su mujer y dos hijas, en su oficina, en la casa del padre, en bauleras y en sus escritorios de médico obstetra, su profesión de día.

Diez segundos después de mi mensaje me llegan tres fotos, a modo de respuesta. Cuando las abro me encuentro con el ejemplar de Piglia y las dos plaquetas de Aira. Cuando le pregunto el precio me responde que eso no es lo importante. Le explico que son para un cliente, le hablo de Juanjo y su colección de primeras ediciones, le digo que necesito saber el precio porque el encargo tiene un monto de referencia.

Luego de una pausa de silencio recibo una cuarta foto, la tapa característica con un navío, como dibujado con boli, tres flores amarillas en la parte inferior: es la primera edición de *Cien años de soledad*. De inmediato digo que necesito verlo, le pido que nos reunamos mañana en el café de siempre.

No le consulto a Juanjo si le interesa el ejemplar. Aún no sé si es para él. Es un impulso que pronto se transforma en convicción: necesito tenerlo.

Cuando, al día siguiente, nos encontramos en el café de la esquina del hospital, Germán lleva el ambo blanco de su uniforme y su almuerzo es un tostado de jamón y queso. Cuando me ve llegar empieza a sacar los libros de bolsas de distinto tamaño y color que están apoyadas sobre la mesa. Los Aira, el Piglia, también está el de García Robayo, y agregó algunos de Idea Vilariño porque sabe que siempre tenemos clientes interesados en su poesía. Luego, tras un doble envoltorio de plástico, el navío y las flores amarillas.

Germán sonríe más que otras veces. Se nota que está emocionado y que tiene una historia para contar. Dio con el ejemplar en una feria de usados en una plaza de la ciudad, entre best sellers y manuales escolares. El vendedor no sabía lo que tenía.

La primera edición de la novela más famosa de Gabriel García Márquez es la única con una tapa distinta a la ilustrada por Vicente Rojo, con la que salió el libro desde la segunda edición en adelante y con la que solemos identificarlo.

En 1965 García Márquez estaba en México, trabajaba en publicidad y cine, pero no le alcanzaba para vivir. Carmen Balcells, la agente literaria detrás del boom, negoció con Sudamericana la edición de su siguiente novela. Los originales del libro fueron enviados a Buenos Aires en dos partes, porque no pudieron pagar un envío completo.

La portada que habían encargado al artista mexicano Vicente Rojo no llegó a tiempo, por eso es que la primera edición —unos ocho mil ejemplares que se agotaron en menos de un mes— es distinta al resto.

Como política general, Germán sólo vende los libros de los que tiene más de un ejemplar, porque siempre deja uno para su biblioteca personal. Por eso, antes de preguntarle el precio, lo que quiero saber es por qué, en este caso, decide desprenderse de ese único ejemplar.

Afuera se agita un viento oscuro, de tormenta de verano. Unos niños se detienen a jugar con unos perros que alguien dejó atados bajo un árbol cerca de la esquina. Germán fija la mirada durante unos segundos en algún espacio más allá de nuestra mesa, más allá de la puerta, más allá del viento de la calle. Después, sin seriedad ni ceremonia, como si se tratara de un dato evidente de la realidad, me contesta que, más que cualquier otro, ese libro tiene que estar en Lata Peinada.

Estoy embarazada.

Mañana mi bebé cumplirá dieciocho semanas. Pesa casi doscientos gramos. Podría asimilarse al tamaño de un calabacín mediano.

Cada día de estas últimas dieciocho semanas, al levantarme, sostuve una aguja en el aire, la hice girar frente a mis ojos, le quité el capuchón de plástico que protege su filo, con una mano la acerqué a mi vientre en expansión, mientras con la otra separaba una porción de piel y músculo y grasa, el lugar señalado para la inyección.

Al ingresar al cuerpo, el líquido que desactiva mi falla se siente denso. En ocasiones un vaso se rompe y se produce una pequeña hemorragia. Alrededor del ombligo tengo la piel veteada de moretones, una explosión en diferentes tonos de morado, manchas más oscuras que las de los lobos.

Más allá de la acción de la heparina y de la opinión de la médica y de mi hermana, estoy convencida de que el gesto cotidiano es lo que ata a mi niño en mi interior: la aguja que rompe la piel, sí, bebé, el dolor punzante del líquido que se abre paso, te quiero, sí, te quiero adentro de mi cuerpo, la gota de sangre que se convertirá en aureola violeta, te quiero como mi hijo, te quiero para siempre.

En este tiempo tuve tanto miedo que mi escritura se detuvo. Cualquier movimiento me parecía un riesgo. Los exámenes periódicos, el desplazamiento hacia centros médicos y laboratorios y las imágenes y el sonido de su corazón latiendo veloz, amplificado contra las paredes blancas del consultorio y contra nuestros propios corazones. Ese modo del éxtasis, ese modo paradojal de estar fuera de sí, mientras se comparte la sangre con un otro que se forma en nuestro interior.

En las clases de Mishal empecé a preparar un conjunto de figuritas para mi hijo. Pienso que pueden decorar una de las paredes de su habitación. Quiero que representen las cosas buenas que tiene la vida.

Barquitos, una pelota, una barra de chocolate, un árbol de copa grande, una guitarra, un caballito, un pájaro, un dinosaurio rojo, una paleta de helado, un plato de pasta, las olas del mar, un limón, un perro, una estrella, bicicletas, peces, un libro abierto, un corazón, una instalación permanente del costado luminoso de la existencia humana, una bienvenida.

La noticia empezó a circular hace unos minutos: una actriz talentosa, reconocida por el público, la crítica y sus pares, bellísima, inteligente, sana y en plena actividad, se suicidó. La encontraron en su habitación, las venas abiertas por un cuchillo. Tenía cincuenta y tres años.

Las primeras explicaciones de amigos y conocidos revelan que la muerte de su madre la había sumergido en un estado depresivo. No tenía hijos.

Recibo un mensaje de Ariana, una amiga que también conocía a la actriz. Me cuenta que vio un video de una de sus últimas apariciones, un ciclo de conversaciones que yo moderé hace unos meses. Después de intercambiar las palabras de obligatorio estupor y temblor, las dos nos preguntamos por la condición de esa muerte por mano propia: nunca se sabe qué le puede hacer a una mujer sin hijos la muerte de la madre.

A modo de despedida, Ariana, una de las pocas que sabe de mi embarazo, me escribe: sigamos alimentando a nuestros hijos, no nos suicidemos.

Hablo con mi bebé. ¿Qué es esta clase de lenguaje nuevo? No son canciones, no son versos de poemas, no son palabras chiquitas, en diminutivo, no son sílabas de tono azucarado. Qué es, este idioma, de qué está hecho.

Un arrullo, una forma de rezo, un código de golpes y vibraciones que se transmiten a través de los fluidos de mi cuerpo, la sangre, el líquido amniótico que rodea a mi bebé. Fragmentos de balbuceos, la voz antigua de mi mamá hablándome por primera vez, siseos, ancestrales canciones de cuna alojadas en lo profundo de mi memoria celular. El latido de mi corazón, que ahora uso como lengua para acariciar y hablar con mi bebé.

Pienso mucho en mi bebé moviéndose en mi interior. Son imágenes que vienen en cualquier momento, en medio del desayuno, en una reunión de trabajo, mientras camino y un puño diminuto me golpea desde adentro. Un hijo se expande en mi vientre. Se forman huesos, músculos, sangre alimentada de mi sangre. El embarazo puede ser un estado similar a la psicosis. Algunas mujeres sienten que una entidad extraña las ocupa, una suerte de colonización, de vínculo parasitario, que se alimenta de lo que somos, que busca destruirnos. Otras no pueden dejar de imaginar a sus niños con malformaciones. El embarazo puede desatar el lado oscuro.

Es así. Un hijo ocupa y destruye lo que somos. No la ocupación sino la resistencia a esa ocupación, a esa necesaria transformación, es lo que puede devenir en locura.

Como prescripción, me obligo a pensar: el cuerpo que crece en mi interior es una cercanía absolutamente ajena, lo llevo dentro de mí, flota en mi cuerpo, pero me es desconocido, es lo opuesto a lo propio. Lo contrario, una suerte de identificación, la torcedura que nos hace sentir el cuerpo del hijo como posesión, también puede generar la locura. La propia y la del hijo.

La locura es un temor personal, íntimo, desde que tengo recuerdo. Esa extrañeza me es familiar, esa peculiaridad para mirar el mundo con la sospecha continua de que la grieta que detectamos a diario en todas las cosas está en realidad en nuestra cabeza.

La maternidad y la locura. Hace unos meses un amigo me contó la historia de su hermana: el día del parto de sus mellizos, el día que se hizo madre, enloqueció. En el momento en el que el médico puso a sus hijos sobre su pecho por primera vez entendió que llegaría el día en el que debería separarse de ellos para siempre. Y eso no podía aceptarlo.

Sírvanle un cuchillo afilado, un escalpelo, a cada madre de este mundo: hará con él un hijo sano, forjará con él una mujer después de la maternidad.

El riesgo de caer al otro lado va unido a la condición de ser madre. Sólo se puede confiar en la tarea de los años, en el estudio de la vida propia, de las raíces, de la historia familiar, de las maternidades que nos rodean.

Entonces extremo los cuidados, me aseguro de mirarme los pies cada tanto y certificar que el piso aún está ahí abajo, confirmar las bases, el contacto de mi cuerpo con la superficie que ancla todas las cosas, tomo medidas de precaución —contar hasta diez, hasta cien, hasta quinientos— para que mis pensamientos no me hagan despegar hacia un espacio exterior, para que el vaivén de mis ideas no me lleve a caer en un bucle hacia la profundidad de mi interior. Me afirmo en un mantra: lo mío es la espera.

Un llamado telefónico: es el médico genetista con quien hicimos el test de sangre para analizar el embarazo. Fue algo que decidimos hacer empujados por las prescripciones médicas y sin meditar demasiado sobre las posibles consecuencias. Hecho: un embarazo después de los treinta y cinco años supone riesgos de defectos genéticos. Prescripción: nos exponemos a un análisis más. Pero nunca llegamos a hablar de para qué hacemos ese estudio, qué podría venir a continuación. Creo que buscamos atenuar la fragilidad, la incertidumbre y el interrogante que siempre supone un hijo por nacer. No nos culpo, la búsqueda de control es un impulso de la debilidad frente al misterio.

Los resultados se demoran por algún problema con el laboratorio de Estados Unidos que debía procesar mi sangre. Durante semanas, no volvemos a hablar del test. Quizás sea un modo de protección frente a la espera. Y al fin ahora, en esta mañana luminosa de sábado adecuada para la voz de publicidad, entrenada en las buenas noticias, el genetista nos informa que nuestro bebé está sano. El resultado completo del test, que incluye el sexo, está en mi correo electrónico. Siempre pensé que iba a tener una nena, una hija, una nena rubia, como decía mi mamá.

Abro el informe y corro hacia abajo entre términos técnicos incomprensibles que traduzco todos a la vez como un único significante «hijo sano», hasta llegar al cromosoma sexual: XY. La noticia es que tendremos un hijo. No tenemos nombre de varón. No habíamos hablado de esta posibilidad. Yo tengo un nombre de varón, el que le gustaba a mi mamá: Valentín. Cuando se lo propongo, L. sólo dice: Valentín, que es como decir por primera vez Valentín, mi hijo, mi bebé.

Seré mamá de un varón.

El hijo nunca es lo que se espera.

Una madre desea al hijo sano, una madre desea al bebé sobre el pecho. Pero el hijo sano terminará por apartarse de nosotras para ver el mundo. Algunas madres enloquecen porque el mundo que las hace sentir inútiles es el mundo del que se enamoran sus hijos. Pero el hijo siempre viene al mundo con una trascendencia imposible de medir, de anticipar, de controlar, destinada a modificar la vida propia y el mundo conocido, todo a la vez.

Mi camino en la maternidad es: me entreno en el arte de la pérdida, me entreno en la sorpresa, me entreno en la decepción. Me entreno en el arte de la separación, del hijo de nuestras expectativas, del hijo de la vida propia, me entreno en el arte del corte, en la precisión de la mano, busco el escalpelo, mi propio cuchillo afilado.

Un aeropuerto, Madrid, las ondulaciones del techo, el lomo de un animal inquieto que siempre me hace sentir que el tiempo también ondula, gira, se dobla, como en efecto se dobla, el salto de cuatro o cinco horas más que en Buenos Aires, pasar del frío al sol intenso o al revés, de la puntada profunda del invierno a la llovizna continua del Río de la Plata.

La opinión del obstetra fue que puedo viajar, el embarazo no es una enfermedad y sólo debo tener los cuidados de siempre, más alguien a mano que pueda llevarme al médico en caso de que algo no vaya bien. La opinión de la ginecóloga con quien sigo el tratamiento por la trombofilia fue que no es recomendable viajar, mi embarazo entra en la categoría «de riesgo» y entonces su prescripción debe ser quedarme quieta, lo más quieta posible. Cierra la consulta con una pregunta: ¿es tan necesario que viajes?

Para una mujer de treinta y ocho años, que perdió dos embarazos, esa pregunta equivale a dejar una bomba de racimo lista para la activación: miles de fragmentos de metralla cargados de culpa, alojados en la oscuridad de su interior.

Pero, con la imagen brillante de la librería del otro lado, entrenada como fui durante la infancia en desasir los mecanismos atadores de la falta, al final tomo la decisión de viajar. Mi hijo tendrá esta madre con esta vida, no otra.

En Madrid organizamos una presentación de Legna Rodríguez Iglesias, una escritora cubana a quien comencé a leer precisamente en Madrid, muchos años atrás. Cuando encontré los primeros textos de Legna, ella aún vivía en La Habana, luego se mudó a Miami y tuvo un hijo. En esa época fue cuando leí uno de mis poemas favoritos: se llama «La barriga» y describe un viaje por el sur de Estados Unidos, desde el paso por el río Misisipi y la visita a la casa de William Faulkner hasta el disfrute de una sopa de cangrejo o un tibio beignet en el Café Du Monde, emblemática confitería de Nueva Orleans. Ella está embarazada, pero su barriga aún no se ve. Hacia el final del poema está en un parque, de espaldas sobre la hierba, comiendo unas enormes toronjas, cuando escucha un murmullo desde lo alto. Es Mahalia Jackson, que conversa con Louis Armstrong sobre la muchacha que acaba de pasar: en vez de uno, tiene dos corazones.

Durante algunos años usé ese poema como regalo para las mujeres que se embarazaban a mi alrededor.

Es lunes por la tarde. La cita es para la presentación de uno de sus últimos libros de poesía, editado por una pequeña editorial independiente que se llama Entre Ríos. Las expectativas de aforo son bajas, y sin embargo pronto las sillas son pocas, las mesas se llenan de cañas y vinos, contra los anaqueles se multiplican las voces de quienes, como yo, vinieron de distintos lugares para conocer a Legna, para escucharla leer sus poemas, para encontrarse con otros que, como nosotros, buscamos en los libros una forma del amor que no traemos de otra parte.

Vendemos muchos libros y Legna está muy feliz, pero Legna está feliz porque entre la gente está su novia y ella está enamorada. Viajó de Miami a Madrid con la excusa de la presentación del libro, pero en realidad lo único que le interesa son los ojos negros de su novia, su forma de mirar, las fotos que le sacó entre las sábanas esa mañana en un cuarto de hotel en Madrid. Yo pienso en mis propios amores. Entonces le cuento de L. pero también de mi bebé. Con el vestido amplio y las pocas semanas de embarazo, mi barriga aún no se asoma.

Le pido que me dedique uno de los ejemplares del poemario que presentó. Ella sonríe, la miro mientras escribe con una lapicera de tinta; el aro que lleva en la nariz se mece dulcemente con la vibración de la pluma sobre el papel.

Cuando al fin llego al departamento donde me estoy quedando me arrojo sobre la cama y abro el libro:

*Para Paula
y sus dos corazones.
Qué belleza.*

Me espera Barcelona. Estaré apenas algunos días, que coinciden con la tercera edición de nuestro Festival de Literatura Latinoamericana. Sumado a otras charlas y talleres, para el segundo día del festival está prevista la presentación de una antología que recupera la escritura de veinte mujeres desplazadas del canon literario, en esencia muy cercana a los objetivos de nuestra librería. Durante el primer año de Lata Peinada, cada sábado hacíamos una sección en nuestras redes a la que habíamos llamado «Escritoras que hacen BUM», más un emoji de bomba en plena explosión. Era, por supuesto, un juego con la idea del boom latinoamericano, esa célebre etiqueta que logró promocionar a escritores tan disímiles como Mario Vargas Llosa y José Donoso, pasando por Gabriel García Márquez o Julio Cortázar, y en la que las mujeres no fueron incluidas. Persiguiendo un horizonte de tardía reparación, recomendábamos libros de escritoras de aquella época; luego fuimos sumando a otras contemporáneas. Con el tiempo pensamos que quedó algo antiguo, en nuestras redes recomendamos libros de mujeres de forma cotidiana, pero cada tanto volvemos al ejercicio de destacar la obra en particular de alguna de ellas, con la consigna de siempre: mujeres que hacen BUM.

Llego a la librería muy temprano, el barrio está vacío. Raquel aún no abrió el café, pero nuestras mesas de novedades y destacados empiezan a ocupar parte del callejón. Después de desayunar pan con jamón y yogur griego, como siempre que estoy en Barcelona, caminé hasta la librería atravesando el Borne, el Gótico, hasta llegar al Raval. Ahora siento la puntada del esfuerzo, del viaje, de dormir poco. Durante estos primeros meses de embarazo no tuve náuseas u otros síntomas asociados, pero sí siento un peso extra que hace el cansancio más profundo, imposible de esconder.

En los preparativos puedo hacer poco. Tener prohibido acarrear peso es una gran limitación para una librera. Muevo alguna silla, corroboro que el micrófono funcione correctamente, chequeo que los libros de los autores que participarán hoy estén a mano para ubicarlos en la exposición de las mesas y el escaparate. Como siempre, comienzo a sentir sobre el pecho algo que se repite año a año, en cada festival, también en algunas presentaciones; un miedo que imagino común en quienes organizamos eventos culturales: que no venga nadie. Que, a la hora señalada para un panel, no haya público suficiente es una forma particular del género de terror para los libreros: fallar en la convocatoria, fallarles a los autores, que nuestro público nos falle.

Cuando la gente empieza a llegar los miedos se disipan y, pronto, no sólo nuestra librería está colmada —la cima de la felicidad es ver a la gente sentada en la escalera que lleva a la planta alta—, sino que también se ocupan las sillas que dispusimos afuera, en la calle, las puertas abiertas, los parlantes hacia el barrio, clientes que se ubican para esperar el inicio de la primera charla o que aprovechan el tiempo para recorrer los libros que dejamos en exposición.

Un par de horas más tarde, mientras aún dura la ronda de preguntas del público, salgo a la calle a revisar las mesas. Se me acerca una chica con acento argentino pero algo contaminado, con vestigios de una erre demasiado invasiva que de inmediato me recuerda dónde la escuché por primera vez: en las viejas grabaciones de Julio Cortázar leyendo fragmentos de *Rayuela*. Me cuenta que vive en París, sigue el proyecto en nuestras redes y quería conocernos, vino no sólo por la programación del festival sino porque quiere abrir una librería como la nuestra y entonces lo que me pide, en definitiva, es que le contemos nuestra experiencia.

Ni las formas de la nostalgia que insisten en la reivindicación de supuestas épocas de oro ni las premoniciones oscuras sobre el futuro de las librerías son lo que nosotros vivimos a diario en este rincón del Raval. Las librerías no se van a morir, pero sí es necesario reconvertir el modelo clásico. Ya no es suficiente con levantar la persiana y esperar a que la gente entre, sin más, como lo hacen en otros comercios. Debemos ofrecer algo más: una experiencia de encuentro, una conversación en torno a un objeto amado.

Figuras inmensas, redondas como todo lo generoso, las patas abiertas bien ancladas en tierra para soportar el peso de los cuerpos hinchados que son hornos y a la vez una historia, un pueblo, un territorio, una familia unida por los rasgos y por sus materiales de hechura. Gabriel Chaile es un artista del norte argentino que hace obras de gran tamaño en arcilla sin cocer. Las esculturas representan a sus antepasados, sus abuelos y sus padres, descendientes de africanos, de españoles y de la comunidad indígena candelaria, que ocupaba un amplio territorio en lo que hoy es el noroeste de nuestro país.

Me encuentro con las figuras mientras paseo por el pabellón internacional de la Bienal de Venecia, adonde viajé después del festival en Barcelona. La cultura candelaria es conocida por su producción cerámica, generalmente de color gris o negro, con trazos simples que representan los rasgos antropomorfos de sus integrantes. También fabricaban en cerámica instrumentos musicales de viento con formas de animales.

Las esculturas de Chaile son la reproducción precisa de las figuras y los temas de la candelaria. El gesto del artista está en ensancharlos, convertirlos en gigantes de pie frente a los visitantes, imponentes, imposibles de ignorar. Como si quisiera volver a encender aquella cultura antigua que fue arrastrada a la desaparición, como si quisiera expandirla, ampliarla, hacerla crecer alimentándose de las esquirlas del olvido, estructuras insufladas con el fuego de la venganza que se agigantan hasta ocupar seis metros de altura en el pabellón principal de la más importante muestra de arte europeo.

Hace algunas noches comencé a sentir los movimientos de mi bebé: unas burbujas primero, un golpe seco después. Es un paso más en el avance de las confirmaciones, verlo en el claroscuro de la pantalla del ecógrafo, intuirlo en el reposo de cada noche en su profundidad, que es la mía, hablarle en nuestro lenguaje silencioso, ahora comienzo a sentir el efecto de su voluntad pequeña, de su cuerpo pequeño, que hace eco dentro mío. Como las esculturas, mi cuerpo se redondea y vibra mientras camino por Venecia, una ciudad perforada y sostenida por el agua, atravesada por el Gran Canal.

De regreso en el hotel busco entrevistas a Chaile. Leo que sus padres, analfabetos, vendían pan que preparaban en un horno de barro, como son hornos de barro sus propias esculturas. Pienso en la unión de la cerámica, la acción del fuego para cocer las vasijas, la acción del fuego para cocer los alimentos, su transformación, el lugar de reunión de la casa, una madre y un padre que proveen el alimento, ese linaje.

Vuelvo a ver las fotos de las esculturas que saqué con mi teléfono; es imposible abarcarlas enteras sin perder los detalles de los rostros, que requieren cercanía. Estoy cansada y quiero regresar a casa. Pienso en mi bebé, que se alimenta como yo del agua de Venecia, de estos canales, de las pastas que son a diario mi menú de turista en Italia, pero también de mi mirada sobre estas estructuras totémicas, dispuestas de modo circular, montando guardia para proteger lo que hay en el interior, quizás al propio bebe Chaile, que invoca a estos seres para que lo resguarden de los predadores, de los corazones vacíos que devoran lo que no tienen, los grandes compradores de arte. En el embarazo el bebé se alimenta del cuerpo de la madre, pero también de sus pensamientos y de sus fantasmas.

Pienso en mi papá y en sus pesebres, que traía de los viajes que hacíamos al norte; algunos de ellos forman parte de una pequeña colección que ocupa un rincón de mi biblioteca. Me escribe un conocido del mundo del arte que sabe que estoy en Venecia. Me cuenta que las esculturas de Chaile, adquiridas por un coleccionista, tienen el mandato de ser destruidas: el viaje en barco es demasiado caro, por eso Chaile volverá a construirlas, desde cero, en Buenos Aires.

Las figuras de la cultura candelaria, siempre de pocos centímetros, sobrevivieron miles de años escondidas en las montañas y los valles del norte argentino. Las de Chaile, gigantescas, destinadas a ser vistas en la gran vidriera del arte internacional, apenas vivieron unos meses. Una familia, una historia, un territorio destruido a martillazos.

En la noche abierta me muevo en la cama. Estar sola con mi bebé en la oscuridad me trae los fantasmas de la profundidad, los fantasmas del pasado, los fantasmas de las pérdidas.

Soy frágil y estuve herida. Porque soy frágil estuve herida y entonces tengo miedo, es imposible eliminarlo como es imposible eliminar el desamparo, lo que sabemos de nosotros mismos, la muerte. Apenas podemos desplegar el engaño, desactivarlo de forma siempre temporaria para lograr habitar este espacio y este tiempo, para recordar que somos seres vivientes y tan sólo aún en potencia seres mortales.

La maternidad es un modo radical de la esperanza.

Giro, me quedo tendida con la espalda apoyada sobre las sábanas, no puedo dormir. El insomnio del embarazo es distinto a otras clases de insomnios. Es un insomnio físico, acompasado con los movimientos del bebé que aparecen con el reposo, un insomnio de escucha sumergida.

Enciendo una luz que apenas alcanza a iluminar parte de la habitación. Forzando los ojos en la penumbra leo una novela maravillosa de Erri De Luca: *Tú, mío*. Es una historia de amor que se despliega a partir del nombre. El protagonista es un niño que se enamora de una chica más grande que él. La chica se presenta como Caia pero, en un pasado de infancia aplastada por el genocidio y la guerra, se llamaba Hàiele. El niño descubre su nombre verdadero y lo usa como llave: Hàiele, el nombre de la infancia, una clave de amor, el llamado del padre al que la hija no puede resistir.

Pienso en el nombre de mi hijo. Valentín. Pienso una a una en las sílabas, en el sonido de la i haciendo olas contra mi paladar.

Hace unos años, cuando nació mi sobrina, le regalé una ilustración de Isol Misenta, una dibujante y autora de libros para niños. Busqué su *Abecedario a mano* ilustrado y elegí la E, inicial del nombre de mi sobrina. Hay un elefante con una escalera y una niña que se dirige hacia él. Pero, en un costado, la leyenda dice: esperame. La E podría referirse al elefante o a la escalera, las cosas más evidentes en el cuadro y, sin embargo, Isol hace una vuelta más. La niña pide: esperame.

Cuando nació mi sobrino le regalé la F: feroz. Un nene disfrazado de lobo, una máscara roja, el color de la ferocidad. Después, me compré un cuadro para mí. La P, inicial de mi nombre, para la niña que no fui. En el dibujo hay una nena sentada sobre el campo, un surco de agua con un pez ahí adelante, muy cerca, pero la nena tiene la mirada levantada. Contempla un tigre chino que surca el cielo en ondulaciones. El cuadro se completa con un texto: un pensamiento.

Siempre pensé que esas ilustraciones dicen algo sobre la poesía, el lenguaje que no conduce, saltear las primeras referencias que siempre encuentra nuestra cabeza —escalera, elefante— para ir a buscar más allá, en el cielo, esa otra cosa evanescente que es la belleza.

Busco en el *Abecedario* ilustrado la imagen de la V: un niño, vestido de azul, flota en el agua con los ojos cerrados, junto a un pez. El texto dice: siempre vuelvo. De inmediato, abro el correo electrónico y pido a la galería una copia del cuadro para la habitación de Valentín.

El hijo que terminará por separarse de la madre. Persigo la práctica del corte, de la separación. Hay que recordar lo ajeno que hay en el hijo, pero estar preparada para que vuelva, siempre.

En el aeropuerto de Roma espero el vuelo que nos devolverá, a mí y a mi bebé, junto a L. Unos metros más allá, junto al ventanal que da a la pista de aterrizaje, dos mujeres comienzan a hablar. Una mujer simple, ni hermosa ni fea, con su hijo de un año en brazos, mostrándolo al mundo. Está raspado en las rodillas y en los codos porque es un niño feliz y ella una madre confiada que en cualquier momento, como ahora, lo deja jugar en el piso sin miedo a que se le pierda o algo peor, como esas madres que transfieren a los hijos la llama de su propia supervivencia y cada peligro real o imaginario les oprime el pecho y las hace gritar.

Me pregunto qué clase de madre seré yo, con mi hijo a cuestas entre viajes y anaqueles llenos de libros, con L. del otro lado del mundo esperándonos. Me miro las manos. Nacer es siempre ser recibido por las manos de otro. Cuando nace un bebé, su vida depende enteramente de esas manos que deben proteger su vida y evitar la posibilidad de la caída. Otro modo de decir madre: las manos tendidas sobre el abismo.

Recuerdo una canción muy conocida de nuestro folclore; la escribió Peteco Carabajal y está dedicada a las manos de la madre. La letra sigue el movimiento de las manos junto al vuelo de los pájaros, habla de su presencia en el patio desde temprano, del trabajo en la cocina, las compara con un cielo abierto. En el final describe cómo se brindan esas manos: cálidas, nobles, sinceras, limpias de todo.

Vuelvo a mis manos. Las miro, las indago. Tendrán una vida nueva.

Llego a Buenos Aires de madrugada. El calor me golpea los huesos y hace más profundo el cansancio de mis músculos. La ciudad está cubierta de una nube de humedad que se desplaza desde el río, lenta y constante.

Ya en mi cama logro dormir unas horas. Cuando me despierto encuentro una gota de sangre en el inodoro. Miro el punto carmesí que flota en el agua durante unos segundos. No me muevo, no grito, no lloro. Sólo miro la sangre, que ahora se desliza lenta y pesada hacia la profundidad.

Todo mi cuerpo tensado hacia adelante, toda la fuerza que tengo dispuesta para activar un rayo negador desde mi cerebro o desde mi corazón hacia ese punto ominoso en el inodoro, para hacerlo desaparecer, para convertirlo en una ilusión, una torcedura del mundo en el que mi miedo es tan poderoso que produce efectos concretos, que felizmente desaparecerán con la conciencia de que no son reales.

Pero la sangre está ahí.

Desde el rincón del baño en el que estoy sentada, comienzan a hilarse en mi cabeza las consecuencias de la tragedia: abandonarme en la cama, dejar que la mancha de la pérdida tiña mi ropa, las sábanas, el colchón y luego se extienda sobre el piso hasta cubrirlo todo, hasta herirlo todo de muerte, que las pérdidas devoren las paredes de mi casa como una enredadera hostil.

No tengo fuerza para volver a reponerme. Caeré en el agujero, anidaré para siempre en el pozo oscuro al que solemos ir a parar las mujeres, como escribió Natalia Ginzburg; fundaré mi casa en la sombra, una casa-enterramiento, una casa-tumba, ya no tendré el espíritu necesario para oponer resistencia, defenderme, ascender las paredes resbaladizas del mundo dejando uñas y jirones de mi carne.

Me quedaré en el fondo o, mejor aún, me dejaré caer. Desde una terraza de cualquier hotel, desde el andén hacia las vías, desde mi propia altura hacia el piso de la cocina, nariz y boca pegadas contra el suelo, una asfixia doméstica en el corazón del hogar frustrado.

La sangre se derramó, el descenso a través del canal, desde mi interior y ahora ahí afuera. La verdad persiste, pero su mensaje es aún desconocido. Es un borde afilado. Hay un lado y el otro. No hay zonas intermedias ni tibieza abominable. Un conjunto lleno y un conjunto vacío. ¿Cuál será mi destino?

Mi hermana consigue un turno de emergencia con un ecografista que ya está al tanto de todo y me atenderá apenas pueda llegar. L. está trabajando. No lo espero. Enciendo la camioneta, apago la radio, las manos rígidas sobre el volante, un útero silencioso que se desplaza sobre ruedas con la esperanza de contener un útero con sonido constante.

Cruzo la ciudad sola en mi camioneta familiar. En mi cabeza y en mi lengua que se mueve dentro de mi boca un rezo: por favor, bebé, por favor, bebé, le pido a él como si su vida y la mía dependieran de su voluntad diminuta, seguir latiendo, cesar.

Elegime, bebé, elegime.

La sala de espera está llena de mujeres de vientres hinchados. Todas acompañadas de sus parejas, algunas con sus mamás. Soy la única mujer sola. Deseo no ser la única con un latido fantasma. Deseo que la falla se haya aquietado, que el monstruo lúpico se haya calmado, que el gesto diario haya causado su efecto, que mi niño siga firme y navegante en la profundidad de mi cuerpo.

Cuando al fin estoy tendida sobre la camilla todo es rápido y de una calma diamantina y el mundo es joya, maravilla, la voz del ecografista no se escucha porque el único sonido son los latidos de mi bebé, que me entran por los oídos pero también por la boca y son dulces, muy dulces sobre mi lengua y en mi garganta y en mi propio pecho, que se desanuda y se expande hasta tocar el infinito.

Me reconcilio. Me reencuentro con mi bebé. No lo veo, aún no sé distinguirlo en la oscuridad movediza de la pantalla, pero digo que sí, sí, te veo, bebé, te escucho latir y eso es la fortuna para mí. Caer del lado bueno.

¿Hay causa para el milagro? ¿Fueron los años de investigaciones médicas, mi escritura, el psicoanálisis, el cuidado de mi hermana, la suerte, el influjo de mi diosa, el amor de L., las estrellas, el amor?

Decidimos ir a pasar el fin de semana largo al campo. Son algunas horas de viaje, pero cuatro días bajo los árboles, con mis sobrinos, con los perros, entre girasoles, vacas y caballos, es un recuerdo que quiero guardar como modo de esperar a mi hijo.

El auto dobla en la galería de álamos que llega hasta el casco de la estancia y ahí está mi padre, el hombre que nos recuerda que desde que compró el campo plantó más de siete mil plantas. Mi padre es el hombre que compra avestruces y carpinchos y los alimenta con celo y habla de las crías con ternura, es el que me regaló una cabrita que dormía conmigo en la cama a mis tres años y es el que construyó un establo en el jardín de la casa para el petiso que me compró cuando cumplí ocho. Siempre lleva las alpargatas rotas y guarda un saquito de café usado en el marco de la ventana, para un segundo café. Cuando pregunto qué hizo con las cosas que eran de mamá, mi padre es también el hombre que dice que conmigo todo son problemas. Y es el hombre que aún quiere estar de pie frente a sus hijos adultos, dar órdenes, que respondan como un empleado fiel.

En el campo no hay señal de teléfono, no hay señal de internet, lo que podemos hacer está circunscrito a una cada vez menos habitual forma del anacronismo: el tiempo presente, el lugar actual, sin noticias que puedan llegarnos desde otro tiempo, interlocutor o territorio. Es mi receta para el descanso. No puedo saber nada de lo que ocurre en las librerías.

Por la tarde salimos a caminar. Yo voy despacio, con las manos sobre la panza, cada tanto siento a Valentín que se mueve en mi interior. Vamos hablando de cualquier cosa por la calle que llega hasta el arroyo, mientras el sol se va, sin dudar de que mañana volveremos a caminar con el sol elevándose sobre nuestras cabezas. Somos una especie que abriga esa clase de ilusión. Miramos el cielo para evocar a los muertos, porque creemos que su vida está más allá; los ubicamos en la luna o en alguna estrella, como hace mi sobrina con su abuela, porque pensamos que su influjo nos protege.

Yo miro el aire que gira y nos acompaña moviendo las hojas plateadas de los eucaliptus: miro las plantas, el jardín alrededor de la casa plantado hace varias generaciones, los montecitos de arbustos, las galerías de árboles altos, miro las magnolias especialmente, y pienso en mi mamá. Las magnolias les gustaban a mi mamá y a mi abuela, las dos tuvieron jardines con árboles de magnolias. Sus grandes flores blancas, de textura firme, las hojas de un verde profundo, de cierta oscuridad, ese contraste me conecta con el linaje de las mujeres de mi vida.

Cuando llegamos al arroyo el agua baja lenta, un arroyito de llanura en época de lluvia escasa, que cubre lo que puede, que toca apenas el pasto de la orilla y se retira sin casi moverse. La visión de la luz naranja sobre el agua se nos pega a la parte alta de la cabeza, untuosa como el aceite, y nos trae pensamientos de orígenes y tiempos distantes.

Mi sobrina encuentra un letrero en un lugar en el que el arroyo forma una poza. Es de chapa enlozada, muy antiguo, las letras negras despintadas aún muestran su mensaje: La Isabel. Me pregunta qué es. Le cuento de una familia que ocupó el campo antes de nosotros. De un campo aún más grande. De una nena que se llamaba Isabel, la hija menor de la familia, a la que le gustaba nadar en el arroyo. Por eso, el padre mandó a ensanchar una parte del curso debajo de los árboles, cubrió el fondo de lajas blancas, algunos fragmentos aún pueden verse cuando el agua está muy baja. Mi sobrina dice que ella también quiere nadar en el arroyo como Isabel. Mi padre, sentado en un tronco caído, la escucha en silencio. Nadie le propone volver a construir la poza.

Cuando la oscuridad ya está por tocar el centro de todo, volvemos a la casa a paso rápido. L. nos sigue detrás, camina junto a mi sobrino, que juega a arrojarles una rama a los perros. Mi hermana con su marido van últimos. Le propongo a mi sobrina desviarnos hacia un monte de jacarandás cercano a la casa. Le cuento que esos árboles, que ya tocan los dos metros de altura, los mandó a plantar mi mamá cuando nació ella. La primera nieta, un monte entero.

Pienso entonces en elegir un árbol para plantar cuando nazca Valentín. Me gustaría que fuese un frutal, un naranjo, asegurarnos naranjas dulces todos los inviernos.

Un jardín para nuestros hijos, la restauración del paraíso. Como símbolo, el árbol nos conecta con la idea del universo vivo, en perpetua regeneración. Cada árbol tiene su programa específico de desarrollo. Leonardo da Vinci estudió la arquitectura de los árboles en sus cuadernos de bocetos. En 1970 dos botánicos franceses publicaron un ensayo en el que establecieron veintidós modelos arquitectónicos arbóreos en los que pueden resumirse el total de especies conocidas hasta la fecha. Los árboles —que cambian de abrigo con las estaciones y reflejan su edad en anillos— también sirven para representar el carácter cíclico de la vida, las etapas de nacimiento, crecimiento y caducidad que se repiten año a año.

¿Cuál es el vínculo entre la vida del árbol y la vida del hijo? Un símbolo de pertenencia, una semilla que nos enseña a echar raíces, a decir «yo soy de aquí», la compañía y el reaseguro de algo que crece a la par, un compañero de otra especie para cuidar, regar, esperar sus frutos.

Cumplo treinta y cuatro semanas de embarazo. Aún falta mucho para el tiempo marcado para el parto pero, en las últimas semanas, mi cuerpo fue apagando posibilidades.

No puedo escribir. No se trata de una limitación física, por supuesto, sino de mi cerebro, del esfuerzo en las líneas de mi frente. Es la primera vez en la vida que siento que no puedo concentrarme. Me pregunto si hay una explicación biológica para esta sensación. No puedo lidiar con nada que requiera cierto hilo de continuidad, una concentración de proceso.

Todo ejercicio de pensamiento me cuesta un esfuerzo inédito. Paso largas horas tendida sobre la pelota de esferodinamia, la espalda se arquea, abro el pecho, siento el aire que entra en mis pulmones, me ensancho pero con un límite breve, cercano, las posibilidades de mi cuerpo recortadas por el otro cuerpo que me habita. Soy un globo que apunta hacia el techo. Soy, vista desde cierta amorosa distancia, un faro, una esfera luminosa.

La última vez que fui a cerámica estuve sentada durante toda la clase. Ya no soy capaz de estirar una plancha de arcilla, no tengo la fuerza para desplazarme de un lugar a otro, de buscar pinceles, engobes, acuarelas, de lavar las herramientas para volver a usarlas, no puedo trasladar una pieza de un lado a otro sin riesgo de que se me caiga. Terminadas las figuritas que adornarán la habitación de Valentín —un sol, unas olas de mar, una pelota, una guitarra— , la última pieza que logré fue un candelabro que hice con la técnica del pellizco, moldeando muy lentamente un pedazo de arcilla entre las manos. Cuando estuvo terminado lo pinté de rosa, lo cubrí con un esmalte brillante, fue al horno. Después, me despedí de Mishal, de mis compañeras, hasta más adelante.

Con mi diosa, me retiro hacia la cueva.

Suspendo reuniones, dejo correos sin responder, sólo me dan ganas de actividades simples, rutinarias: barrer las hojas del patio, lavar ropa, tenderla al sol. Todo lo hago despacio, con el ritmo ralentizado de mi cuerpo que pesa. No sé dormir la siesta pero después de comer no puedo más que quedarme en el sillón, de costado, con un almohadón entre las piernas y el ruido blanco de cualquier programa de televisión.

Por la tarde la cintura me duele y necesito un baño de inmersión.

En esta casa tenemos una bañera antigua, apoyada sobre dos patas que quieren ser garras de león. Es demasiado grande, como todo lo hecho antes, eso me gusta porque puedo sumergirme en agua profunda, pero por otro lado ya me es imposible salir sola. L. me tiene que ayudar. El extrañamiento del cuerpo, necesitar apoyo para movimientos simples. La piel tirante, la espalda cargando un peso que no reconoce, la contractura que va desde la nuca hasta el centro de la cabeza y desciende sobre el ojo izquierdo.

Me hundo en el agua caliente. Mi piel se crespa, Valentín se mueve en su líquido dentro del agua; yo soy la casa de Valentín, que se mueve dentro del agua. No floto, la espalda se apoya contra el piso de la bañera. Me estiro, aflojo las piernas, dejo caer la cabeza contra el borde, cierro los ojos. A mi pedido, L. enciende unas velas, apaga las luces, me alcanza el frasco en el que guardo unas sales minerales. Después sale y me deja sola. Me avisa que subirá a trabajar en su estudio, que vuelve en un rato para ayudarme a salir.

Pasa el tiempo. Las velas se queman, sueltan cera líquida sobre la superficie de piedra que las sostiene, la llama se hace más intensa, la luz alrededor se apaga, la noche se establece en el cuarto de baño, en mi casa, en la ciudad entera: una mancha de sombra que crece desde el lugar en el que el sol se escondió, más allá de los edificios, contra el borde de llanura que se extiende hacia el oeste.

El agua se entibió. Me incorporo en la bañera. Es posible que me haya dormido, porque no recuerdo el cambio de temperatura paulatino sobre mi piel. Abro el grifo de agua caliente, pero recibo una primera vertiente de agua fría que me estremece. No puedo esperar, la cierro. Comienzo a llamar a L., aunque sé que es una tarea inútil: desde su estudio en la planta alta es imposible que pueda escucharme.

Mis piernas no pueden levantar mi propio peso desde la profundidad de la bañera. No puedo hacer nada sin riesgo de caer, de golpearme. Un accidente estúpido, una embarazada tendida sobre el piso del baño.

Soy una boya abandonada en una pileta efímera. Un animal fuera de su eje, acorralado, una ballena varada en aguas poco profundas, un destello de sombra que avanza hacia la desintegración en la oscuridad más amplia. Sólo puedo esperar a que L. regrese, aquietar el enojo, la sensación de desprotección, el frío del agua subiéndome a las costillas. Cinco minutos más tarde, L. abre la puerta.

En este estado la maternidad me asalta el cuerpo como una debilidad constitutiva, eso que dicen que es: una consigna a prueba de revoluciones. La debilidad es un punto en la curva de lo que somos.

En el reposo de la siesta sueño con la librería. Anaqueles del piso al techo, el ruido de la avenida que llega desde lejos, unos chicos que juegan a aplastar monedas debajo de las ruedas del skate, una inundación que sube desde las alcantarillas, el agua es riqueza y amenaza, un plato de arroz en medio de la mesa, en los escalones de la esquina una parva de palomas se disputan lo caído del tacho de basura, libros por todos lados, tapas ajadas, tipografías de otra época, cubiertas amarillas, nombres extranjeros, traducciones, mi pequeña aldea amenazada, mi casa sitiada, un espacio tomado por la intrusión.

La traducción del sueño a la vigilia es sencilla. Extraño ser librera, extraño mi librería, me pesa esta raíz que crece en mi interior, ¿me pesará aún más cuando esté fuera de mi cuerpo, cuando sea del mundo, en el mundo?

¿Qué posibilidades tendré de moverme con una raíz?

Como si mi sueño flotara en una esfera negra delante de mí.

Hablo con Ezequiel. Le cuento mis nervios, mi método rumiante de anticipar lo que podrá ser la vida después del parto. Él tiene el modo callado de siempre. No es como yo. Por eso somos buenos juntos. Lo importante lo deja en suspensión, toma un desvío, lo hace girar. Dice que es una suerte que le haya escrito porque justo está con un cliente que quiere una recomendación. Recibo un mensaje con una lista de sus últimas lecturas, todas muy distintas en temas, tonos, texturas, imposible encontrar un elemento que las una.

El arte de la recomendación es el arte de la conversación. Es difícil hacerlo a distancia. Hay que tocar al otro, sus obsesiones, su modo de mirar ciertas portadas, de caminar teniendo como primer objetivo las mesas de novedades o de girar hacia el fondo de los anaqueles. Hay que desplazarse entre las secciones de poesía, hacer pivot, un pie delante, el otro atrás, en el ensayo, probar la reacción al hacer brillar delante de los ojos una joyita.

Los libros que me gustan, los que recomiendo, son los que contienen cierta intensidad: un pulso, un latido, una ambición que atraviesa el texto. Cuando hablo de libros, sea en la librería o en cualquier otro lado, me gusta evocar la emoción que los sostiene. Hablar de libros como se recuerda la lluvia contra la cara, un desencuentro, una maravillosa jugada de gol, ese es un método infalible.

Hago una lista rápida en mi cabeza, pero después de unos segundos sólo escribo: Ariana Harwicz, *Matate, amor*. Me reduzco al monotema, la lengua materna echando espuma de rabia. Yo misma madre, un misterio aún abierto.

Cuando el cliente se va, Ezequiel vuelve a escribirme. Con un mensaje breve me propone abrir una librería en Buenos Aires, un modo de cerrar el círculo, una hipótesis para hacer que el viaje sea continuo sin importar dónde esté el pie o el ancla o la raíz que puede ser bien aérea, moverse en el viento, o resistir el desplazamiento con firmeza.

La propuesta me trae un alud de hipótesis y de planes y de preguntas. En muchas culturas el tres es un número mágico, pero nosotros somos dos: uno en Barcelona, una en Buenos Aires. Me pregunto si la idea no es en realidad apenas un destello de entusiasmo, si tenemos la fuerza o el impulso para volver a empezar desde cero, si acaso no sería más sabio reorganizar la energía de acuerdo a cómo corre la vida: ¿puede una librería, o dos, o tres, mutar como un animal vivo, plegarse a la movediza línea de costura que dejamos tras nuestros pasos?

Hay muchísimas librerías en Buenos Aires. Muchas más que en otras ciudades. Pero abrir una librería no es una decisión de aritmética.

Es un día de otoño cálido, con sol. Quiero caminar. Aunque no tuve complicaciones durante estos meses, mi embarazo aún es considerado «de riesgo», por lo que la prescripción es que mi bebé debe nacer antes de la semana treinta y nueve. Entonces, desde la semana treinta y siete comenzamos a hacer todo lo posible para que el parto se desencadene.

Camino de mañana por el barrio, voy hasta una librería, voy a hacer las compras, camino por la tarde hasta la avenida, me quedo en una esquina esperando el cruce, voy a la farmacia y encargo globulitos homeopáticos para que se inicien las contracciones. Hago algunos ejercicios con la pelota. Cogemos. Salgo a caminar, voy hasta una librería, hago las compras, hago ejercicios con la pelota, y así.

Es el cumpleaños de mi tía, la hermana de mi mamá. Vamos a un almuerzo en familia, por primera vez en mucho tiempo. Elijo una remera con estampa de leopardo, apretadísima, que se expande contra la panza en la que Valentín ya tiene poco espacio. Mi hermana cuestiona lo inapropiado de la remera para una embarazada casi a término. Mi tía afirma que tengo boca de parturienta. Me miro en el espejo, la remera aún me gusta, me veo los labios más hinchados, una expresión de balconeo, de añoranza, de inminencia.

Mi prima nos toma una foto en la que yo estoy subida arriba de L., en un sillón, mi panza se eleva y él intenta rodearme la cintura. Los dos nos reímos.

Después de algunos dulces y café que no puedo comer ni beber, nos despedimos. Decidimos volver también caminando despacio. Hacemos algunas cuadras hablando poco, tengo las manos debajo de la panza, mis piernas necesitan ayuda extra para sostener el peso que se recuesta sobre mis caderas. De pronto, algo que se vierte. Una rajadura, un punto de quiebre, una canilla que gotea en algún lado. Un agua íntima, mi fuente, desbordándose.

Buscamos un taxi y en unos minutos estamos en casa. Estoy tranquila. Hablo con la partera, me recomienda descansar, estar en reposo para percibir si llegan las contracciones. Necesito estar desnuda. Me acuesto en la cama. Aunque no hace frío, le pido a L. que suba la calefacción al máximo. Me tapo con unas mantas, L. pone una película, pasamos así unos minutos, unas horas, la cama se moja, busco toallas, voy al baño, vuelvo a la cama, me vuelvo a tapar.

Aunque controlar el tiempo es uno de los mandatos en esta clase de situaciones, yo no soy capaz de decir cuánto pasó, pero la oscuridad en la habitación es más profunda. Valentín está quieto. Vuelvo a hablar con mi partera, me dice que no me preocupe pero es inevitable: me preocupo, Valentín está quieto. Yo estoy quieta y necesito dormir, en nuestra casa no hay nada del ajetreo y la velocidad que se muestra en las películas después de que una fuente se rompe; quizás Valentín también necesita descansar para prepararnos para lo que viene, pero igual no me quedo tranquila, quiero sentirlo moviéndose.

La partera me dice que nos espera en la clínica.

La habitación es más pequeña de lo que imaginaba. Mejor. Necesito un hueco, un espacio mínimo, que las paredes me toquen la espalda. En la clínica construimos nuestra cueva, L. y yo, nuestro hijo. Avisamos sólo a los más cercanos. Luego, los teléfonos están lejos. La partera me dice que vamos a esperar si se desencadenan las contracciones. Soy un globo que gotea, pero mi hijo descansa, toma fuerzas, aún no quiere moverse.

Durante toda la noche la luz se enciende y se apaga. Las enfermeras controlan los latidos de mi bebé. Estoy cansada, me cuesta dormir.

Las contracciones no llegan. Pero, por algún motivo, no tengo miedo. Confío. En la partera, que me va contando todo lo que va a pasar, los caminos posibles, los modos de alerta, lo que podemos esperar con cada paso. Pero, sobre todo, pienso que las pérdidas me construyeron un modo de espera sin rigidez de expectativas. No estoy atada a un plan de parto, no doy órdenes, no me aferro. Confío y espero a mi hijo.

A la hora señalada llega el goteo de oxitocina, la hormona sintética con la que se busca la inducción al parto.

Tras las pérdidas hice una consulta astrológica. De la nube de conjunciones y planetas me quedó un texto: *Pariremos con placer*, de Casilda Rodrigáñez Bustos, que explica que, en el proceso de parto, existen contracciones normales y contracciones patológicas. La autora sostiene que el dolor no es una expresión natural del proceso, sino una desviación, una introyección de la maldición divina según la cual se nos impuso parir con dolor.

Montaigne, célebre ensayista francés del siglo xvi, escribió que había pueblos enteros en los que se desconocía el dolor en el parto. Bartolomé de las Casas dejó asentado que el parto de las indígenas del Caribe a las que había conocido se producía sin dolor.

La oxitocina, la hormona que desencadena las contracciones, es la misma que causa el orgasmo. El libro sostiene que la cultura occidental ha enterrado la visión del parto como un acto sexual y que de ahí proviene la torcedura del dolor: apartada la posibilidad del placer, llega el miedo, que no permite la relajación de los haces circulares del útero. Las mujeres, nuestro placer siempre identificado con el mal, parimos con miedo y, por eso, sufrimos, nos arqueamos en un grito, nos desgarramos, cargamos con el dolor como consecuencia del sepultamiento de nuestro placer.

Mientras el líquido sintético se mueve a través de mi sangre pienso en las posibilidades de mi cuerpo, en lo que mi cuerpo no produjo, en el suplemento químico por el que intentaré dar a luz a mi hijo. Todas estas ideas están apretadas contra mi frente, un punto único en el que se concentra el trabajo escaso de mi cerebro. El resto del cuerpo comienza a ser ocupado por las olas que suben desde mi cintura. La oxitocina ya hace efecto.

Una contracción se siente como un arco. La espalda se tensa. Al principio, el dolor es dulce y pasa rápido, un motor que se enciende, una música de introducción. Después, las olas empiezan a tener garras, dientes, uñas. Un latigazo de electricidad que se desplaza por mi columna.

L. pone música. Primero estoy de espaldas sobre la cama, pero pronto necesito pararme. Voy al baño, tengo náuseas, vomito, mi cuerpo fabrica espacio, un túnel que hay que cavar sacando todo afuera.

Las contracciones son cada vez más frecuentes. De pie en la habitación pequeña me muevo, me sacudo, bailo, hago círculos, rodeo el cuello de L. con mis brazos, me cuelgo de L., que soporta mi peso porque ya no es mi marido, ahora es un poste ancho, es un árbol con sus ramas bajas a disposición y toda su copa dispuesta para darme sombra.

Es momento de iniciar los controles de la dilatación y yo cada vez soporto menos, tengo los ojos cerrados, todo está oscuro, la construcción sigue, un túnel para mi hijo, me deslizo, mi cuerpo se tensa de costado, las manos cerradas sobre el borde metálico de la cama, siento el golpe desde adentro, las paredes de mi útero que no se expanden con placer, maldita yo como todas las de mi estirpe: pido anestesia.

La partera me sugiere esperar un poco más. Que aguante, que respire, que camine. Le hago caso, con los ojos cerrados. No es una expresión: con los ojos cerrados estoy en el túnel, pero no sé hacia dónde ir y estoy cansada, estoy muy cansada. De nuevo: pido anestesia. Esta vez me llevan a la sala de parto, me recibe un hombre extraño de extraño oficio: el anestesista, que administra sustancias de forma controlada para dormir determinadas partes del cuerpo a la vez que se evita el sueño de la muerte.

A través de la aguja el líquido espeso se filtra hacia mis músculos, el dolor cede. Es momento de pujar. Tengo las piernas abiertas sobre la cama, L. está junto a mí, por fin llega el obstetra, me saluda, me habla, pero yo no respondo porque no estoy ahí, estoy en el túnel, estoy con mi hijo, los ojos cerrados, la boca cerrada, la respiración se hace difícil porque el túnel está lleno de agua y hay que buscar la superficie, como peces que saltan de pronto hacia la evolución, como seres anfibios, mi bebé y yo, recorremos el túnel juntos.

Cuando abro los ojos digo que no puedo, me faltan las fuerzas, no logro mostrarle a mi bebé el aire claro, el brillo del mundo. La partera me toma una mano, L. la otra. El obstetra, que hasta ese instante no había sido necesario, da una indicación clara, una orden, la autoridad médica: sí, podés.

Una forma imperativa que me puso de nuevo en el camino. Dos pujos. Apoyada sobre la mano de L.

Y nuestro hijo llega a la luz.

El obstetra me dice que lo agarre. Entonces soy las manos de la madre. Me inclino sobre mi propio cuerpo, agarro por primera vez a mi hijo, soy las manos que sostienen, lo traigo sobre mi pecho, lo toco, lo huelo, L. llora a mi lado, le acaricia la espalda, la mano del padre contra su cabeza, me besa, nuestro hijito, te amo, bebé, te amo, bebé, te amo, bebé.

Mi corazón, lo que sintió.

Lo que sintió mi corazón al abrirse mi canal.

Lo que sintió mi corazón con las contracciones subiendo y bajando en espiral a través de mi columna.

Lo que sintió mi corazón al escuchar por primera vez el llanto de mi bebé.

Lo que sintió mi corazón: la división primera en una semilla que busca la tierra, el movimiento de los planetas, un hilo invisible que sostiene el sol de verano alto contra un lago inmenso.

Es el primer día de Valentín en el mundo. Duerme junto a mi cama. Lo miro en su cuna esférica y transparente, con su gorrito de duende. L. descansa en el sillón bajo la ventana. La sombra de los árboles se mueve con el viento y su vaivén le cubre la espalda.

Yo pienso en mi mamá. ¿Me habrá mirado como yo miro a mi hijo? ¿Me habrá amado con esta puntada de luz intensa, como yo amo a mi hijo?

Los nacimientos renuevan la muerte.

Desde mi cama de hospital, con una felicidad recién estrenada, le hablo a mi mamá.

Lo que perdimos fue tenerte hoy acá, verte mirar a tu nieto, comentarle el pelo, los ojos, que le cuentes los dedos, que digas a quién se parece, que recuerdes mi gesto al nacer, que me cuentes cómo fue llegar al mundo, que veas este futuro en la boca fruncida de tu nieto, que me veas, mamá, que me veas ser mamá.

Valentín se estremece. Brilla el aire. Afuera cae rocío. Es la señal para que vuelvas de la muerte.

¿Qué es el mundo, ahora?

Ayer y mañana, el tiempo conocido, el tiempo que tenemos en la vida que nos toca, hasta ser animales vencidos. Y de pronto, hoy: todo cambió. Un salto en el eje. Una hora añadida, una marcha más en la rotación. La trascendencia del hijo es inconmensurable.

Mi cuerpo se abrió, mi cuerpo añoso, entrenado en estiramientos, respondió al impulso, logró el túnel, produjo el camino, la vía clara para mi hijo. Mi cuerpo se abrió, mi cuerpo se cerró. Ahora queda un leve hilo de sangre que se agotará en poco tiempo. Nada duele. Llegó el placer, después del artificio. Me felicito. Me regodeo. Pido helado, pastel, bombones.

Ver a L. con Valentín es un modo desconocido de percibir a un hombre, una mirada bajo un foco recién instalado. Una campana de luz. Una posibilidad nueva para los hombres de mi vida.

El mundo vuelve a empezar. Lo que éramos quedó del otro lado.

Soy un pájaro, vuelo, me poso, agito mis alas, llevo la noticia por el mundo.

Soy un animal ancho; las caderas, mi nueva carta de presentación en el mundo, el lugar para la condecoración.

Canto, doy voces, aúllo feliz.

Soy la que honra la continuidad del mundo. Me alejo de la que era. La que fui: una piedra. El río se detenía a mi alrededor, el agua hacía fuerza contra mi resistencia, para escalarme, para vencerme. Yo, un muro.

En cambio ahora soy el río, el cauce, la que franquea el paso, digo sí en vez de no, soy entrada y no trampa para lo que tiene que hacer la vida: correr como el agua, fluir, multiplicarse.

Dos días después del nacimiento de Valentín ya podemos irnos a casa. Rellenamos papeles en la clínica, cubrimos a nuestro hijo con la manta que le regaló mi hermana. Salimos. Ahora es nuestro tiempo, somos un clan de estreno, un grupo tricárdico, el amor un zurcido firme entre L. y yo, una red que sostiene el cuerpo de nuestro hijo.

En la calle nos enfrentamos a una nueva sensación de fragilidad y a una nueva percepción de la amenaza. En la ciudad, con un recién nacido. Una nueva percepción del frío, del viento, de los ruidos de la calle. Nuestra camioneta familiar por primera vez cumple su misión: un huevito en el que se escurre el cuerpo de nuestro hijo, todo le queda grande, la ropa hace eco contra sus brazos y sus piernas diminutas.

Pasamos los primeros días solos porque queremos reconocernos. Somos tres bajo el mismo techo. La habitación contiene una cuna pequeña en la que el hijo respira. Dormir es abrir los ojos. Que el oído arme túneles en la noche hasta encontrar el sonido acompasado de la respiración del hijo.

Descubrir al marido como padre es dar espacio, que me lo quite de las manos, evitar caer en el engrudo aglutinado que puede darse entre madre e hijo. Un cuchillo, sírvanme un cuchillo, hay que entrenar el corte. La contorsión de lo que creemos dominar: esos primeros días empiezo a sentir miedo de tener cuchillos cerca. Como si pudieran teledirigirse hacia el cuerpo frágil de mi bebé.

L. lo sabe bien: me lo saca de las manos, lo apoya contra su pecho, pasa horas tocándole los dedos.

A los tres días tenemos que ir a un control médico. Valentín vestido de blanco, la pompa de un bebito recién llegado, con pantalón y un saquito y un gorrito de lana sedosa, tejido por su abuela, la mamá de L. Nuestro hijo estrena esa clase de abrigo, una trama de amor. Sus ojos son enormes en la foto que envío a través del teléfono.

En la clínica me quedo sola en la sala de espera. L. dice que vuelve en unos minutos. Yo aprovecho para darle la teta a Valentín. El lugar está lleno de mujeres con sus bebés, que duermen arropados en los coches o envueltos en telas y fulares contra el pecho de sus mamás. Cuando L. regresa nos llaman desde el consultorio. Dicen «Valentín». Hay que acostumbrarse a oír el nombre en boca de otros. En el control la médica nos dice que todo está bien: nuestro hijo recuperó el peso del nacimiento, las señales son buenas, la lactancia cumple. Aun fuera de mi cuerpo vuelvo a ser la fuente, su manantial. En mi corazón percibo el reposo de mi diosa, que descansa sobre un estante en la sala de nuestra casa, entre libros y mi colección de pesebres.

Esa noche, en la cama, L. me da un pequeño paquete azul. Cuando lo abro encuentro una cadena con un dije en forma de casa. Lo alzo a la altura de mis ojos y un destello me hace apartar la mirada. En el reverso, unas letras redondas trazan surcos sobre la superficie de plata: Valentín.

Sobre mi cuerpo, nuestro hijo empieza a llorar, se estremece, gira hacia mí, busca el alimento.

Le doy un beso rápido a L. Le digo gracias.

Valentín cubre mi pecho con su boca.

Tengo un bebé. Es redondo y perfecto. Tengo una luna que tiembla. Tengo una planta carnívora.

Nota de la autora

El poema de Tom Jobim lo tomé de *A casa do Tom*, film documental de Ana Jobim. El poema original lleva el título «Chapadão». La traducción incluida en este texto sale directamente de los subtítulos del documental, y la versión que se presenta es un fragmento.

El poeta que hace versos en pan se llama Gastón Vázquez. Su proyecto poético, en hogazas de pan cocidas al horno de barro, puede encontrarse en las redes sociales con el nombre de *Panpoecía*.

Las frases de Fabián Casas en su taller de poesía están extraídas del texto colectivo que compiló Agustina Murillo, a partir de notas de los alumnos y alumnas.

El nombre completo de Txetxu es Txetxu Barandiarán.

La idea y la realización del «recorrido Bolaño» por las calles del Raval es de los escritores Marc Caellas y Esteban Feune de Colombi. El poeta chileno, amigo de Bolaño, que aún vive en el barrio y que forma parte del recorrido es Bruno Montané.

La canción de Paolo Conte que se cita es *Via con me*.

En el tercer Festival de Literatura Latinoamericana estuvieron presentes los escritores y escritoras Lina Meruane, Meri Torras, Luna Miguel, Paulina Flores, Michelle Roche Rodríguez, Fernando Iwasaki, Gonzalo Eltesch, Valeria Bergalli, Jaime Rodríguez, Carolina Jobbagy, Ashle Ozuljevic, Aníbal Cristobo, Socorro Venegas, Juan Casamayor, Fernanda Melchor, Laura Fernández y Margo Glantz.

Agradecimientos

A mi familia, a las mujeres que me precedieron, por el origen de todo.

A mi hermana, por su sabiduría silenciosa, por permitirme asomarme a la maternidad a través de sus hijos.

A Ezequiel Naya, mi socio y amigo, por Lata Peinada y por todo lo demás.

A Alicia Nader, por darme una nueva lengua madre.

A Mishal Katz, por el tiempo y el amor en el jardín escuela.

A nuestros libreros y libreras que sostienen con compromiso y entusiasmo nuestro espacio, a nuestros clientes, editores, colegas, amigos y amigas, a todos los escritores y escritoras, bibliófilos y letraheridos que pasaron por Lata Peinada en estos años. A todos los que vendrán.

Este libro acabó
de imprimirse
en Madrid
en septiembre de 2023

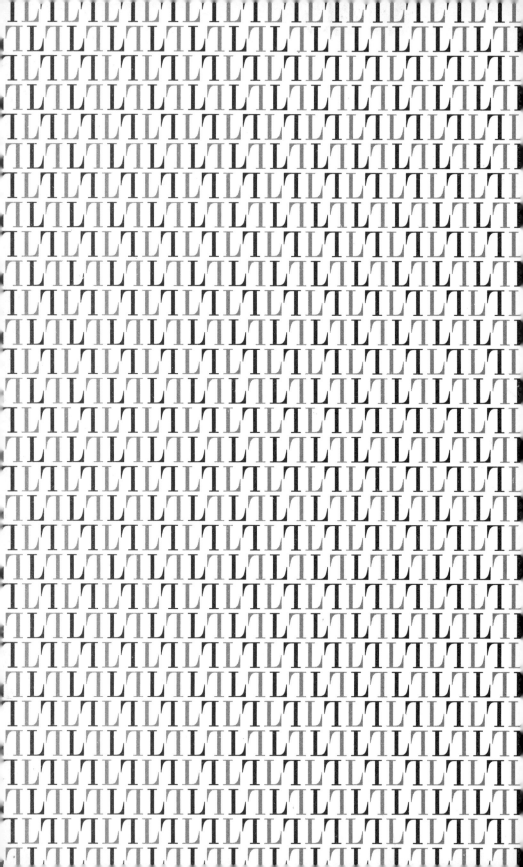